La bataille d’Alep

Pierre Piccinin da Prata

La bataille d'Alep

Chroniques de la révolution syrienne

L'Harmattan

5-7, rue de l'Ecole-Polytechnique, 75005 Paris

http://www.librairieharmattan.com
diffusion.harmattan@wanadoo.fr
harmattan1@wanadoo.fr

ISBN : 978-2-336-00900-1
EAN : 9782336009001

« Les Arabes disent : les montagnes ne vont pas les unes vers les autres ; mais les hommes ont été créés pour se rencontrer. »

À la mémoire de mon ami Abdul Rhaman,

Citoyen d'Alep.

Préface

Dès le début des événements qui ont récemment ébranlé plusieurs pays du Monde arabe, il m'est apparu de manière évidente que les analyses produites à leur propos -et, parfois, jusqu'aux « faits » rapportés- ne correspondaient pas à la réalité d'un terrain autrement plus complexe qu'on pouvait l'envisager à l'aune de la très poétique expression qui allait immédiatement s'imposer et synthétiser ces révoltes sous une étiquette générique : le « Printemps arabe ».

Historien et politologue, impliqué depuis des années dans l'étude de plusieurs des États du Monde arabe, je m'étais initialement emballé, comme d'aucuns, pour ces soulèvements, porteurs d'espoir et a priori synonymes de liberté.

Mes contacts dans les pays où se produisaient les troubles m'ont cependant rapidement fait comprendre que la vision euro-centrique de ces événements, fonction de postulats erronés, rendait caduque leur interprétation, telle qu'elle était généralement proposée : une émergence globale de la société civile, dans un Monde arabe présenté comme un monolithe socioculturel et économique, très souvent comparée au « Printemps des peuples » qui avait révolutionné l'Europe en 1848.

C'était connaître bien mal, en effet, la pluralité des nations arabes et les différences considérables qui les distinguent les unes des autres. C'était aussi ignorer le passé de chacune d'elles, qui recelait maints épisodes similaires aux révoltes du printemps 2011, dont la seule originalité, en fin de parcours, fut qu'elles avaient ressurgi au même moment, en tout cas dans six, voire sept ou neuf, des vingt-deux pays aujourd'hui constitutifs de la Ligue arabe. Seuls furent en effet touchés par des troubles la Tunisie, l'Égypte, la Libye, le Bahreïn, le Yémen et la Syrie, le Maroc aussi, dans une mesure fort moindre, et, d'une manière plus limitée encore, la Jordanie et l'Algérie.

C'est dans ce contexte médiatique mal informé et peu pertinent qu'il m'est apparu important, sinon indispensable, de me rendre sur les différents théâtres de ce « Printemps arabe », pour y observer directement, autant qu'il fût possible de le faire, les réalités des événements en cours et y recueillir les éléments et informations nécessaires à entendre plus précisément ces bouleversements apparents et ce à quoi l'Europe, si proche, et le reste du Monde allaient être confrontés.

Après avoir rencontré les principaux acteurs de la révolution tunisienne, j'ai ainsi gagné Le Caire et la désormais célèbre Place Tahrir ; j'y ai constaté la montée en puissance des Frères musulmans qui, en parfait accord avec l'armée et l'ancien establishment, ont rebattu les cartes du pouvoir et cadenassé la révolution. A plusieurs reprises, je me suis rendu en Libye, sur le front, avec les rebelles, au cœur du chaos d'une guerre clanique, encouragée par les visées néocoloniales et les appétits gaziers et pétroliers de quelques puissances occidentales, et habillée en révolution populaire, ce qu'elle n'a jamais été. Puis, au Yémen, j'ai assisté aux pseudo-élections du 21 février 2012, qui ont remplacé le président Saleh par son vice-président, Hadi, candidat unique à reprendre les rennes d'un pays où rien ne changeait. Je suis arrivé trop tard au Bahreïn, dont le souverain avait déjà écrasé la contestation dans le sang, avec l'aide des chars de son allié saoudien et l'accord tacite de Washington, dont pas un des trois mille soldats présents dans le pays, qui héberge la flotte états-unienne du Golfe persique, n'a été mandé pour interrompre le massacre.

En Tunisie, la révolution a en revanche surmonté la plupart des obstacles. Les nombreux entretiens que m'a accordés le Président Moncef Marzouki m'ont donné la certitude que le pays a réussi à triompher de la dictature, c'est-à-dire de l'entièreté du système et de ceux qui en profitaient, même si, depuis lors, la révolution doit faire face à de nouveaux dangers : l'islamisme d'Ennahdha, le salafisme galopant, qui se nourrit des difficultés socioéconomiques, et aussi un retour de l'ancien régime, dont l'une ou l'autre figure, jouant sur la confusion ambiante, promet de restaurer l'autorité de l'État à une population qui, dans son ensemble, n'a pas encore tout à fait tourné la page et réclame un « homme fort » capable d'assurer la stabilité et l'ordre.

Enfin, c'est à la Syrie que j'ai consacré le plus d'attention, à ce pays où se joue le dernier acte du « Printemps arabe », à cette scène tragique sur laquelle se déroulent les épisodes poignants d'une guerre romantique. Probablement, avec la Tunisie, s'agit-il de l'autre seule véritable révolution de ce « Printemps »-là.

Lorsque j'avais approché la révolution syrienne pour la première fois, en juillet 2011, j'avais eu l'occasion de me déplacer partout sur le territoire, de Damas à Deraa, au sud, en passant par Souweyda et Bosra, dans le Djebel druze, à Homs, Hama, puis dans la région côtière, au-delà de Safita, pour rejoindre Alep, ensuite, et Deir-ez-Zor, à l'est, sur les rives de l'Euphrate.

Alors que les médias occidentaux accusaient le régime d'empêcher les journalistes d'entrer dans le pays et faisaient état d'une situation catastrophique, présentant une Syrie à feu et à sang, sur base de quelques images de manifestants filmés en plans rapprochés et fournies par des contestataires en réalité très peu nombreux, mais soucieux de grossir l'importance de leur mouvement, j'ai commencé de dénoncer cette désinformation, ce qui m'a valu bien des inimitiés, de la part de journalistes et de chercheurs qui, absents du terrain, n'appréciaient guère –et d'autant moins- que je remisse en question leurs assertions ; j'ai aussi reçu quelques critiques, quolibets et noms d'oiseaux, formulés par des contradicteurs divers, manifestement en mal d'argumentaire concret...

Muni d'un simple visa touristique, sillonnant la Syrie dans tous les sens, j'avais témoigné du calme relatif qui régnait dans le pays. J'avais été suivi de peu par de rares journalistes, mais non des moindres, tels Alain Gresh (*Le Monde diplomatique*) et Gaëtan Vannay (*Radio suisse romande*), qui avaient eux aussi réussi à entrer en Syrie. Leurs rapports avaient confirmé les miens, à propos d'une « révolution » qui, pour reprendre le mot du journaliste belge François Jeanne d'Othée, « *se faisait attendre* ». Mais nous demeurions très isolés.

J'avais aussi démontré le caractère peu fiable de l'Observatoire syrien des Droits de l'Homme (OSDH), une organisation basée à Londres, source quasiment unique dont tous les médias ou presque relayaient la propagande sans le plus petit soupçon critique.

Ainsi, le 15 juillet 2011, je me trouvais à Hama, lorsque l'Agence France Presse (AFP) avait annoncé la présence de 500.000 manifestants dans cette ville de province de moins de 400.000 habitants, « information » répercutée tous azimuts. Sur base de mes photographies, on avait pu en dénombrer moins de 4.000. En novembre de la même année, l'OSDH, suivie, encore une fois, par tous les grands médias, avait prétendu que le siège du parti au pouvoir à Damas, le Baath, avait été détruit par des tirs de roquettes de l'opposition ; et la presse d'épiloguer sur la chute rapide du régime. Le lendemain, je publiais une photographie du bâtiment, intact, la une du jour d'un grand quotidien européen à l'avant-plan…

En décembre et en janvier, à nouveau en Syrie, je faisais état des grandes manifestations en faveur du régime, qui avaient lieu à Alep, à Damas, à Tartous, dans toutes les grandes villes du pays : les Chrétiens, les Alaouites, mais aussi d'autres minorités, tels les Druzes, et même une partie de la communauté sunnite (dont tous les membres ne sont pas de fait favorables à l'instauration d'un État islamique en Syrie), soit une majorité de la population qui craignait que l'opposition fût manipulée par les milieux islamistes radicaux et redoutait une guerre civile, espéraient éviter une révolution violente et soutenaient les promesses de réformes institutionnelles du président Bashar al-Assad, lequel avait en outre annoncé la tenue d'élections libres.

Le « Printemps de Damas », en 2000, qui avait suivi son élection à la succession de son père, défunt, bien que furtif, laissait croire que, peut-être, le fils aspirait à d'intelligents progrès. De même, son mariage avec une Sunnite donnait à espérer la réconciliation de la nation, la fin des antiques querelles qui opposaient la minorité alaouite à la majorité de la population syrienne.

Ces constatations me valurent d'autres critiques et même des sanctions de la part d'institutions auxquelles j'appartenais. Les condamnations furent d'autant plus virulentes que, pour obtenir un visa, j'avais accepté l'invitation du gouvernement syrien, qui savait pouvoir compter sur mon impartialité et n'avait à l'époque pas grand-chose à cacher (si non les habituelles violations des Droits de l'Homme, enlèvements et tortures, pratiques de ce régime tyrannique que personne n'ignorait, depuis des décennies). Ce pourquoi j'avais bénéficié d'une liberté telle que, en forçant un peu la main à mes guides, j'avais pu me déplacer à nouveau où je l'avais souhaité, sans avoir de comptes à rendre. J'avais rencontré, dès lors, les rebelles, à Homs, où j'avais pu m'entretenir avec leur porte-parole, l'actrice alaouite Fadwa Suleyman, et j'avais aussi rejoint les leaders de la contestation à Hama. Et ce tout en rencontrant par ailleurs les autorités baathistes à Damas ; c'est-à-dire en recueillant les différents points de vue des protagonistes en présence.

En mai, les choses avaient changé : l'ambassade de Syrie à Bruxelles, sans me l'avoir refusé, rechignait cependant à me procurer un visa. Je suis donc entré en Syrie par la frontière libanaise : un contact, membre d'une ONG active à Beyrouth, m'avait indiqué le poste frontière par lequel passer, où je pouvais recevoir un visa simplement en m'y présentant. C'est ainsi que j'ai gagné Damas. Mais l'ambiance n'y était plus la même…

Entre-temps, en effet, le 7 mai, s'étaient tenues les élections annoncées par le président al-Assad. En fait « d'élections libres », il s'était agi d'une vaste mascarade électorale, comme à l'accoutumée, dont avait été exclue toute forme d'opposition crédible, qualifiée de « terroriste » et déclarée inéligible. La population, qui avait placé sa confiance dans les engagements pris par le gouvernement, s'en était sentie profondément trahie et, dans les semaines qui avaient suivi le scrutin, la plupart des villes et villages de Syrie s'étaient insurgés contre le régime.

En juillet 2011, j'avais rencontré pour la première fois le Père jésuite Paolo Dall'Oglio, supérieur du monastère de Mar-Musa, situé dans le désert, près de Damas. Il faisait partie de ceux qui croyaient à un changement dans la paix. Mais, un an plus tard, je l'ai revu, en exil…

« *On m'a demandé : mais pourquoi as-tu changé si radicalement ?* », m'a-t-il dit. « *Toi, le prêtre, l'homme des petits pas, du dialogue, pourquoi appelles-tu maintenant à prendre les armes ? C'est parce que, dans les premier mois, nous avons pensé, sincèrement, que Monsieur Bashar al-Assad serait l'artisan du changement, et qu'il rendrait ainsi l'honneur à sa famille. Mais les élections n'ont pas été démocratiques : il était interdit aux exilés de se présenter. Nous avons été très déçus, de toute évidence...* »

Damas apparaissait désormais comme en état de siège. Finies, les grandes manifestations pro-Assad ; tandis que les rues étaient partout sous la garde des miliciens du régime. Par ailleurs, partout, la population s'était soulevée ; et la répression, jusqu'alors modérée et cachée, avait cours au grand jour et s'exerçait sans plus aucune retenue. Homs était bombardée sous les yeux des observateurs dépêchés par l'ONU dans le cadre du plan Annan, lesquels étaient eux-mêmes pris pour cibles.

Le spectre de la guerre civile s'était évanoui. La révolte ne s'était pas transformée en un affrontement opposant Sunnites et Chrétiens, Alaouites ou Druzes. Les Chrétiens avaient d'ailleurs refusé d'être armés par le gouvernement, qui le leur avait proposé, et le Nonce apostolique à Damas, Monseigneur Mario Zenari, avait déclaré qu'il s'agissait désormais d'une révolte populaire face à un régime tyrannique. En outre, les insurgés, qui avaient depuis longtemps pris les armes pour se défendre de la violence croissante de la répression, s'organisaient de mieux en mieux, se revendiquant d'une Armée syrienne libre, disciplinée et confessionnellement plurielle.

Dans ce nouveau contexte, les observateurs étrangers, même les plus impartiaux, n'étaient plus les bienvenus : après avoir eu le temps de me rendre à Homs, à Tal-Biset, à Rastan et à Hama, autant de villes que je trouvai en révolte armée, j'ai été arrêté, à Tal-Kalakh.

Transféré à Homs, j'y ai reçu une sévère leçon : frappé, électrocuté, j'y ai en outre assisté au martyr de dizaines de malheureux, témoin des pires tortures exercées par les sbires du régime, sans que ma présence n'ait à aucun moment semblé gêner les tortionnaires. Interné ensuite plusieurs jours à Damas, j'ai finalement été expulsé, à la demande des autorités belges, prévenues de mon sort.

Telle demeure donc la nature de ce régime, qui a manqué l'occasion d'entrer dans le XXIème siècle et de se sauver lui-même, préférant la confrontation brutale avec son peuple, plutôt que de s'adapter à ses revendications légitimes. Bashar al-Assad, indiscutablement, a raté son rendez-vous avec l'histoire...

Poursuivant mon travail d'observation, j'ai passé trois autres séjours en Syrie, en juillet, en août, puis en octobre et novembre 2012. Je me suis rendu à Alep, là où, peut-être, est en train de se tisser l'avenir de cette révolution qui, abandonnée par toutes les démocraties occidentales, se débat, seule, face à la machine de guerre du pouvoir.

Je suis arrivé à Alep le jour même où le gouvernement al-Assad lançait sa contre-offensive en réponse au soulèvement des rebelles.

Plus librement qu'auparavant, sans dissimuler en aucun cas mon engagement en faveur des opposants à la dictature, j'ai décrit au jour le jour tout ce qui se jouait autour de moi et dont, à certains moments, j'étais moi-même l'acteur involontaire.

Ce sont ces récits que je propose ici au lecteur.

Initialement publiées dans le quotidien belge *Le Soir*, en juillet et en août, ces chroniques, augmentées de textes inédits rédigés en octobre et novembre, détaillent trois longues semaines, vécues au cœur de la bataille d'Alep, trois semaines d'intense souffrance, d'horreur quotidienne, mais d'humanité aussi.

Pierre Piccinin da Prata (Venise, novembre 2012)

I. La « Mère de toutes les batailles »

Antakya (26 au 28 juillet 2012) – À l'annonce des événements qui se préparaient en Syrie, le soulèvement d'Alep, je me suis mis en route, tout droit de Tunis, où je rencontrais le Président Marzouki au Palais de Carthage, pour gagner Adana, dans l'est de la Turquie. De là, par la route, j'ai rejoins Antakya, aux confins du pays.

Il ne reste rien de l'antique Antioche, mère des Églises chrétiennes d'Orient ; dans la province turque du Hatay, le Sandjak d'Alexandrette, arraché à la Syrie par la Turquie, en 1939, avec la complicité du Protectorat français, la vie paisible et morne des paysans suit son cours, pas même perturbée par les drames effroyables qui se jouent à quelques kilomètres de là, derrière la frontière syrienne.

Je devais y retrouver Manhal, un de mes contacts, rencontré à Hama, en décembre 2011.

Il y coordonnait les manifestations et m'avait permis de visiter les dispensaires clandestins où les contestataires soignaient leurs blessés. Recherché en tant qu'activiste, sa vie était en grand danger et, fin juin, il avait été exfiltré vers la Turquie.

Depuis le début des événements, en mars 2011, Hama a été l'un des fiefs de la rébellion. Pendant des mois, ses habitants ont manifesté de manière pacifique ; beaucoup d'entre eux croyaient dur comme fer aux promesses de réformes du président Bashar al-Assad et condamnaient sévèrement les premiers signes de militarisation de la révolution, que j'avais déjà constatés lors de mon premier séjour d'observation, en juillet de la même année, à Homs notamment.

Mais, aujourd'hui, même à Hama, on espère l'arrivée de l'Armée syrienne libre (ASL) et, même à Hama, on prie pour une intervention occidentale. Parce que, aujourd'hui, Hama est sous le feu des snipers du gouvernement, qui empêchent tout rassemblement ; et l'armée occupe places et boulevards.

Et aussi, en mai, il y a eu les élections, ces « élections libres et ouvertes à l'opposition » promises par Bashar al-Assad. Oui, mais, voilà : les partis d'opposition ont été qualifiés de « mouvements terroristes » ; ils n'ont pas été autorisés à présenter leurs candidats. Et seule l'opposition « officielle », au service du régime, a pu participer au scrutin.

Depuis lors, les citoyens ont perdu toute confiance ; ils ne croient plus aux promesses. Et les autorités n'osent plus organiser les manifestations fleuves en soutien au président, qui inondaient de monde les rues de Damas ou d'Alep, comme j'avais pu le constater en janvier encore. Le gouvernement a peur, à présent, de voir cette foule se cabrer brusquement et hurler au départ de Bashar, à la fin de la dictature, et devenir incontrôlable.

Et le régime ne veut plus d'observateurs indépendants sur le sol syrien, aucun témoin. Même ceux qui ne lui étaient pas d'emblée défavorables et cherchaient à comprendre la réalité du conflit sont devenus persona non grata. J'en ai fait l'expérience en mai, lorsque, entré en Syrie par la frontière libanaise, pourtant muni d'un visa en règle, j'avais été arrêté par les moukhabarats, les services secrets, après seulement quelques jours : dans l'Enfer de leur centrale de Homs, ils m'avaient fait comprendre que je ne devais plus être là, avant de m'expulser six jours plus tard ; le message était clair : je n'avais plus rien à faire en Syrie.

C'est que le régime, sûr de la protection que lui garantissent la Chine et la Russie, ne fait plus preuve d'aucune modération : depuis la mi-mai, l'armée bombarde massivement toutes les villes insurgées, sans plus se soucier des observateurs de l'ONU déployés en Syrie dans le cadre du Plan Annan ; et les services secrets arrêtent, tuent et torturent les manifestants. Ils ne s'en cachent plus ; ils ne se sont pas privés de me le faire savoir, lorsque j'étais en prison : j'ai tout vu, et on m'a cependant laissé partir.

Un an et quatre mois après le début des troubles, le gouvernement de Bashar al-Assad n'a plus aucune légitimité. Mais il tient toujours, grâce à l'inertie de l'Occident –qui n'a pas même accepté de donner des armes aux insurgés-, et il pourrait tenir encore longtemps et réussir à écraser la révolution.

C'est pourquoi plus de cent mille Syriens ont fui les zones des combats et s'entassent dans des villes de tentes, derrière les frontières d'Irak, de Jordanie, du Liban et de Turquie. L'affolement de ces dernières semaines en a là précipités plus encore ; et il est temps que les Nations Unies mobilisent les moyens nécessaires pour répondre à ce qui se dessine sous les traits d'une crise humanitaire.

C'est dans un des camps de réfugiés de la province de Hatay que je devais retrouver Manhal. Nous nous y étions donné rendez-vous. Mais, quand j'y suis arrivé, il était déjà reparti. Il m'avait laissé un message : « *Je ne peux pas rester là, sans rien faire. Je ne veux pas finir comme les Palestiniens, qui vivent dans des camps depuis soixante ans. Ma maison est à Hama, c'est là que je veux vivre ; c'est chez moi. Tant pis pour les risques ; je pars au combat.* »

J'ai en revanche retrouvé des habitants de Tal-Biseh, une petite ville au nord de Homs. Le 16 mai, la veille de mon arrestation, j'y avais rencontré l'ASL, qui tenait la ville ; j'étais le seul observateur sur place, et ils m'avaient fait toute une fête. Quelques jours après mon retour en Belgique, j'avais appris que Tal-Biseh était soumise à d'intenses bombardements. Mes contacts à l'intérieur de la ville m'avaient informé que plus de 80% de la population avaient fui. Peu après, j'avais reçu leur dernier message : « *l'armée est dans la ville ; nous sommes tout seuls ; personne ne nous aide ; mais souviens-toi de nous* ». Je me souviens d'eux…

Ces gens, démunis, qui vivent sous les tentes de l'armée turque, sans même savoir si leur maison est encore debout, n'ont pas pu me dire si Tal-Biseh tenait encore ou si l'ASL y avait été vaincue.

Il n'est pas aisé d'accéder aux camps de réfugiés : l'Ambassade de Turquie à Bruxelles m'en avait refusé l'autorisation, « *par respect pour l'intimité des personnes réfugiées* » (*sic*) et, sur place, la procédure demande plusieurs jours d'attente, pour obtenir une réponse souvent négative. Les hôtels d'Antakya sont remplis de journalistes qui attendent en vain. Les autorités turques ne souhaitent pas la présence d'observateurs étrangers, et pour cause…

Alors que la Turquie entend gérer seule l'afflux de réfugiés qui arrivent sur son sol, refusant l'aide proposée par d'autres États, les conditions de vie dans la dizaine de camps établis tout le long de la frontière sont proprement effarantes. C'est du moins ce que j'ai pu constater au camp d'Altinózü, au sud d'Antakya, l'un des trois sites d'accueil de la province de Hatay ; et ce n'est pourtant pas le pire, à en croire les contacts qui m'ont permis d'y pénétrer.

Les barbelés qui entourent le camp ne sont en effet pas partout infranchissables : un menuisier, voisin du camp qui jouxte la bourgade, nous a laissé monter sur le toit de sa maison, depuis lequel il est possible, le soir tombé, de se laisser glisser dans le camp à l'aide de cordages…

Tout de même mieux organisé que les camps de réfugiés au Liban, dont celui de Wadi Khaled, que j'avais visité en mai dans les mêmes conditions, le camp d'Altinózü se compose de vastes hangars de tôle, auxquels ont été ajoutées quelques files de tentes juxtaposées, à l'enseigne du Croissant-Rouge turc. Pas une herbe, pas un arbre. Par 42°C à l'ombre.

Le manque de place est tel que chaque tente abrite deux et parfois même trois familles, entassées dans l'air suffocant et moite qui accable la province de Hatay tout l'été durant, tandis que de nouveaux réfugiés arrivent tous les jours.

L'eau potable manque. Les sanitaires sont insuffisants et les toilettes débordent. Et les denrées se vendent à prix d'or, fonction d'un marché noir et d'une pénurie cyniquement entretenus par les gardiens du camp eux-mêmes, qui trouvent dans le malheur des familles réfugiées une manne inespérée… Dès lors, la nourriture fait parfois défaut, car, coupées de leur parentèle et sans revenu, ces familles n'ont pas toutes la possibilité de s'approvisionner régulièrement.

« *Nous sommes reconnaissants au gouvernement turc de nous donner l'asile* », m'a confié Samou, un jeune Chrétien, arrivé au camp début juin. « *Mais les policiers ne nous aiment pas ; ils n'aiment pas les Syriens et ils exploitent notre malheur tous les jours ; ils n'ont aucune pitié : moi, je préfèrerais être dans ma maison, avec mes sœurs, et boire le vin frais sous la treille du jardin, mais vous savez bien ce qui se passe, chez nous ; ici, parfois, on n'a même pas d'eau pour se laver.* »

Aussi, les coups de colère sont presque quotidiens. Les pauvres gens sont à bout et certains ont déjà décidé de prendre le risque de retourner vivre dans ce qui reste de leur village. « *Ils ne veulent pas de nous, ici* », m'a lancé une vielle femme. « *C'est pour cela qu'ils ne nous donnent rien à manger ; pour qu'on s'en aille et qu'on les laisse tranquilles.* »

Mais la plupart n'ont pas le choix : ce sont les familles des combattants de l'ASL, qui les ont mises ici à l'abri. En Syrie, ils sont connus ; c'est principalement le cas des déserteurs. Et la vie de leurs proches est dès lors menacée par les représailles du régime, qui veut faire des exemples pour dissuader d'autres militaires d'abandonner l'armée régulière. Mais, sachant leur famille à l'abri, les hommes peuvent aller se battre pour renverser la dictature : « *Pourquoi je me bats ?* », m'a répondu Mounir, quarante-deux ans, sunnite. « *Vous ne savez pas, vous, en Europe, ce que c'est d'être humilié tout le temps : il faut payer des pots-de-vin pour tout ; il faut payer la police ; ils peuvent prendre votre maison, s'ils veulent. On a pris l'appartement de mon cousin ; un homme qu'il ne connaît pas s'est installé chez lui ; il a demandé des comptes au gouvernorat, et on l'a arrêté : les policiers l'ont frappé en prison pendant trois jours ; je n'ai pas reconnu sa figure quand il est sorti, sauf ses yeux. Moi, je ne veux rien que vivre avec ma femme et mes enfants ; c'est tout. On a une chance de pouvoir changer ça ; c'est pour ça que je me bats* ».

Plus compliqué à infiltrer, le camp militaire d'Apaydin, aussi situé dans la province de Hatay. Outre les camps de réfugiés civils, la Turquie héberge aussi ce qui se voudrait le quartier général de l'opposition armée. Et c'est au camp d'Apaydin que se rassemblent avec leur famille officiers et soldats déserteurs.

Toutefois, les péripéties que j'ai traversées en mai m'ont valu la sympathie des combattants de la révolution. Et, à mon grand étonnement, la plupart d'entre eux me connaissent. Et mon nom est presque devenu un sésame, qui m'ouvre toutes les portes.

J'ai donc eu l'opportunité de rencontrer le général Amro Faez et le général Mustapha Ahmed al-Sheikh, commandant le Haut Conseil militaire de l'opposition. Le Général al-Sheikh était l'un des plus hauts gradés de l'armée syrienne ; il commandait l'armée du nord, dans la région d'Alep. Rejoint par plusieurs officiers dissidents, il a créé ce Haut Conseil qui essaie de fusionner et de coordonner les différents groupes armés de l'insurrection, y compris le tronc historique de l'ASL, fondée par le colonel Riad al-Asaad, l'un des premiers officiers de haut rang à avoir pris ses distances avec Damas.

Par chance, lorsque je me suis présenté à l'entrée du camp, se trouvait aussi le professeur Ayach Salah, opposant syrien de longue date qui enseigne à l'Université de Paris VII ; il nous a aimablement servi d'interprète.

On laisse son passeport à l'entrée. Aucun appareil photographique n'est admis dans le camp ; pas de téléphone portable ; j'ai cependant pu dissimuler un dictaphone dans mon sous-vêtement et enregistrer mon échange avec le général al-Sheikh :

- La Turquie vous aide-t-elle, général, dans la guerre contre le gouvernement baathiste ?

- Non. Nous recevons un support moral, mais c'est tout. Nous n'avons même pas un support logistique. Nous sommes en prison, ici. On ne peut pas sortir.

- Et la France ? Certains médias ont affirmé que les services secrets français vous avaient fourni du matériel de télécommunication, qu'ils vous entraînaient à la guérilla urbaine dans les camps de réfugiés. J'ai moi-même répercuté ces informations...

- C'est faux !. Ils ne nous ont presque rien donné… Et regardez-nous, ici : vous voyez des camps d'entraînement militaire ?

- Avez-vous reçu des armes de l'étranger ?

- Très peu. Peut-être certaines régions ont-elles reçu des armes ; mais ce n'est pas par l'intermédiaire du Haut Conseil.

- Deux offensives ont été lancées, tout récemment, les 17 et 20 juillet : la « Bataille de libération de Damas », d'abord, qui est perdue, faute de matériel lourd -on devait s'en douter-, et l'ouverture d'un front dans le nord, ensuite, à Alep. Est-ce le Haut Conseil qui a ordonné ces opérations ?

- Non. C'est un groupe d'officiers de l'ASL qui a ordonné ces offensives, pas le Haut Conseil. Nous avons été informés deux jours seulement avant l'offensive à Damas. La bataille de Damas est perdue et beaucoup de gens ont été tués, mais il reste encore des combattants…

- Mais, dans ce cas, quels sont les rapports exacts entre le Haut Conseil et ces officiers de l'ASL ? Qui les commande ? Comment s'organise cette ASL ?

- C'est compliqué : l'ASL, c'est un ensemble de groupes indépendants qui combattent sur le terrain. Et c'était un corps sans tête. Même le colonel al-Asaad n'a pas le contrôle sur ces groupes de combattants. Chaque région, sur le terrain, a son groupe de combattants et son chef ; ce sont surtout des civils qui ont pris les armes, avec des soldats déserteurs. C'est pour cela que nous essayons de faire reconnaître ce Haut Conseil, pour coordonner les mouvements de ces groupes et rendre leur action plus efficace.

Pour le moment, un peu plus de 50% des groupes combattants travaillent étroitement avec nous. Et ça évolue dans le bon sens : les combattants comprennent l'importance de coordonner les opérations. Depuis six mois, nous avons réussi à organiser dans chaque région de Syrie un Conseil militaire, pour structurer tous ces groupes qui forment l'ASL, qui s'en revendiquent. C'est nécessaire, pour vaincre l'armée du régime, mais aussi pour éviter la prolifération de certains groupes salafistes, djihadistes, qui reçoivent, eux, de l'argent de certains pays, et les empêcher de semer le chaos en Syrie.

Mais, sans moyen, que pouvons-nous faire ? Or, pour l'instant, aucun pays ne nous aide vraiment. Il y a ici vingt-quatre généraux, prêts à servir le pays. Mais nous sommes seuls.

Avez-vous entendu la déclaration des Etats-Unis, ce matin ? Ils savent qu'un massacre se prépare à Alep, mais ils ont dit qu'ils n'interviendraient pas.

C'est une carte blanche pour le régime d'al-Assad.

- Concrètement, que devrait faire l'Occident ? Vous fournir un appui aérien ?

- Nous n'avons même pas besoin d'un appui aérien. On a les hommes, partout. Si seulement on nous donnait un peu de matériel, anti-char et anti-aérien, en dix jours, le régime est fini.

Les Américains ont donné des armes anti-aériennes en Libye. Nous leur avons demandé la même chose, mais ils ont refusé. Ils disent que, si on donne ces armes à la révolution syrienne, elles vont tomber dans les mains d'al-Qaeda. C'est faux ! C'est tout le contraire ! Par contre, à qui ont-ils donné ces armes en Libye ?

- Pourquoi les occidentaux ne vous aident-ils pas ?

- C'est une difficile question ! Pour résumer : l'ordre mondial a été construit par l'Occident sur plusieurs points d'appui. Au Proche-Orient, la Syrie en est un. Or, la révolution va contre les intérêts occidentaux. C'est pour cela que la révolution syrienne est abandonnée, sans aide ; c'est une révolution orpheline.

Le coût humain est horrible : officiellement, on parle de vingt mille morts. Mais c'est sans compter tous les disparus.

La Russie et la Chine croient combattre l'Occident. Mais, en appuyant al-Assad, elles servent l'équilibre qu'il a mis en place, basé sur la misère du Tiers-Monde.

Les États-Unis soutiennent les Israéliens, qui supportent Bashar al-Assad, parce qu'il s'est entendu avec eux. Il sert de garde-fou aux combattants palestiniens réfugiés en Syrie. Depuis quarante ans, la Syrie n'a pas tiré une balle contre Israël.

Et ils ont surtout peur que la Syrie, devenue indépendante, renverse le rapport des forces dans la région, déconstruise l'ordre établi après la seconde guerre mondiale et remette en question leur contrôle des pays du Golfe et, donc, du pétrole.

Nous, nous essayons d'être libres, mais, vos gouvernements, ils sont contre notre liberté.

- Autre chose : que va-t-il arriver aux Chrétiens et aux Alaouites, la communauté du président al-Assad ? On a parfois l'impression, en Occident, que c'est une révolution sunnite.

- Absolument pas ! Ils auront leur place en Syrie, comme maintenant ! Ce sont les gouvernements occidentaux qui habillent la révolution syrienne de la sorte. Mais la société syrienne a toujours vécu dans la diversité, sans violence. C'est le régime qui essaie de faire croire que la société va éclater. C'est vrai, cependant, que le régime a piégé les Alaouites. Ils ont été amenés à piller la société. Mais nous, nous voulons faire comme Mandela a fait en Afrique du Sud : le pardon et la réconciliation, pour créer un État laïc et démocratique, et mettre fin à ce drame le plus vite possible.

D'ailleurs, il y a des Chrétiens dans l'ASL ; peu dans le Haut Conseil, parce que les Chrétiens ne font pas de carrière militaire ; ils sont avocats, médecins, commerçants ; mais beaucoup de civils ont pris les armes avec l'ASL. Et des Alaouites aussi.

Le gouvernement ne s'appuie plus sur les Chrétiens : il avait proposé de les armer pour combattre la révolution, mais ils ont refusé. C'est bien la preuve qu'ils ne soutiennent pas le régime.

- Et si le régime acceptait de négocier avec vous...

- Non ! C'est trop tard ! Après tout ce qu'il a fait, il n'y a plus de négociation qui tienne. De toute façon, la question ne se pose même pas.

A la sortie du camp, un journaliste suisse attendait de pouvoir entrer, sans succès. Je lui ai donné une carte de visite. Mais, alors qu'il me demandait quelques informations, deux gendarmes turcs se sont approchés, m'ont repris mon passeport des mains et m'ont demandé de les suivre. J'ai discrètement confié mon dictaphone au journaliste. Ils l'ont arrêté aussi. Les gendarmes nous ont fouillés. Chaussures comprises. Le dictaphone était sur la table. Le journaliste n'a pas bronché. Nous avons réussi à faire croire que l'objet que je lui avais remis n'était que ma carte de visite, pour nous retrouver en soirée… Incrédule, l'officier a dû nous laisser quitter le camp.

Ce samedi soir, je rejoindrai une unité de l'ASL. Les hommes m'attendent à la frontière, dont ils contrôlent plusieurs postes douaniers ; nous avons rendez-vous à Gaziantep, une petite ville, à un long jet de pierre de la Syrie.

Avant d'entrer à nouveau en Syrie, j'ai demandé que l'on m'apprenne à utiliser correctement une kalachnikov, la seule arme à disposition des rebelles. Si nous rencontrions un problème… Je ne veux en effet en aucun cas retomber dans les griffes des services secrets.

On peut bien sûr être très critique concernant la révolution syrienne. Je l'ai été, je le suis encore, et j'estime qu'il s'agit là d'une saine démarche. Mais il ne faut pas perdre de vue qu'elle se débat dans des conditions extrêmes, sans aide extérieure et face à la machine de guerre d'un régime politique impitoyable, qui lui fait payer un lourd tribut en victimes civiles plus encore que militaires.

Il ne faut donc pas se laisser distraire par des constatations certes pertinentes, mais secondaires, et oublier que les revendications des insurgés sont honnêtes et légitimes…

J'entrerai avec ces hommes dans un pays en guerre, dont le gouvernement menace maintenant d'utiliser des armes chimiques.

Depuis le vendredi 20 juillet, l'ASL a déclenché une vaste offensive dans cette région, autour d'Alep (dans le nord-ouest de la Syrie). Les massacres se sont succédé, depuis deux mois, et il n'est plus temps de tergiverser : « *il faut gagner ou mourir* », m'a écrit Manhal.

Peu avant, elle avait lancé la « Bataille de libération de Damas ». Ce fut un échec… Faute d'un soutien des démocraties occidentales, toujours imperturbables face à l'assassinat du peuple syrien par l'arsenal militaire du régime baathiste, l'ASL a dû reculer devant les compagnies de chars d'assaut et le déploiement d'hélicoptères de combats dans le ciel de la capitale.

Et les quartiers insurgés ont été « nettoyés » des « terroristes », selon le jargon de la propagande mise en œuvre par la télévision d'État.

Le Président al-Assad l'avait annoncé : désormais, c'est dans le nord, le long de la frontière turque, que l'armée régulière va concentrer ses efforts. C'est sur Alep, Idlib, Hama, Rastan, Tal-Biseh, Homs… qu'est menée une contre-offensive d'envergure, dont l'objectif est l'élimination totale de la résistance à la dictature.

Avec les soldats de l'ASL, nous marcherons en direction de cette contre-offensive, qui a commencé ce matin et dont les mouvements les plus décisifs sont pour les prochains jours…

Car ce n'est plus de Damas dont il s'agit aujourd'hui. Aujourd'hui, c'est ici, à Alep, que va se jouer la « Mère de toutes les Batailles », selon les termes du président al-Assad ; c'est maintenant l'heure de la Bataille de Syrie.

II. Plutôt brûler Alep !

Reytan, aux portes d'Alep (29 juillet 2012) – Hier soir, avec Maher, j'ai quitté Gaziantep en voiture, accompagné de mon ami Domenico Quirico, grand reporter à *La Stampa*, qui m'a rejoint en Turquie.

Maher est un jeune Syrien de la région d'Alep, qui faisait ses études en Europe quand la révolution a commencé. Avec plusieurs de ses amis et son cousin, restés en Syrie, il a organisé un petit réseau dans le but d'acheminer vers les médias occidentaux les photos, vidéos et informations récoltées sur le terrain de la répression. Il nous accompagnera durant notre séjour ; il connaît le groupe de combattants qui contrôlent la zone frontalière au sud de Gaziantep.

Mais, d'emblée, les choses ne se sont pas passées comme prévu : depuis quelques jours, les Turcs ont bouclé les frontières. Le poste de Kilis est fermé. Il faut donc entrer en Syrie par les chemins des contrebandiers et payer des passeurs. Leur prix est élevé ; ils savent que nous n'avons pas le choix, et nous devons leur verser quatre cents dollars états-uniens par tête.

Une voiture, tous feux éteints, nous conduit d'abord à travers champs. Un peu plus tard, nous en descendons, et on nous indique la route à suivre : un petit chemin de terre qui serpente entre les oliviers ; « *surtout, restez sur le chemin ; c'est tout droit ; ne marchez pas sur les bas-côtés : ils sont minés* »…

Nous atteignons une ligne de barbelés en rouleaux ; c'est la frontière. En rampant sous les barbelés, nous franchissons l'obstacle : sac au dos, de nuit, à travers les collines, nous sommes entrés en Syrie.

La difficulté était double : éviter les patrouilles de la gendarmerie turque, qui craignent un afflux de réfugiés que la bataille d'Alep va déplacer ; contrairement à ce qui a souvent été affirmé, par moi-même notamment, sur base d'informations mal vérifiées, les autorités turques ne facilitent pas les mouvements des combattants de l'ASL qui tentent de trouver une retraite derrière la frontière… D'autre part, il faut se cacher d'éventuelles incursions de l'armée régulière syrienne dans la bande frontalière que l'ASL a réussi à contrôler.

Le risque d'en rencontrer était d'autant plus grand, maintenant que le régime a lancé sur Alep la plus vaste offensive de toute l'histoire de cette révolution, conscient que la bataille d'Alep sera déterminante pour sa survie.

Notre anxiété était vive, car la lune était presque pleine, et le ciel, bien dégagé ; or, nous devions parcourir un peu de chemin à pied, complètement à découvert, dans un paysage de buissons et de rochers.

Une patrouille de l'ASL nous a rapidement repérés ; « *Saâfi ?* » (« *Journaliste ?* ») ; je présente mon passeport. Comme toujours, comme en Libye, comme au Yémen, la Belgique est bien accueillie ; ce petit pays, qui ne veut de mal à personne… Les miliciens, kalachnikov à la bretelle, nous emmènent à leur camp, un peu plus loin, dans un champ d'oliviers. Nous sympathisons très vite avec la petite troupe, avant de monter dans un autre véhicule qui nous conduira jusqu'à une villa abandonnée, où nous allons passer la nuit.

Aucun checkpoint ; et les habitants des villages traversés préparent paisiblement leur soirée. Le véhicule avance entre les rangées d'oliviers et de figuiers. Un vent rafraîchissant souffle sur la plaine. La région, sous contrôle de l'ASL, semble calme. Mais ce n'est qu'une apparence.

Nous avons passé une frontière ; là d'où nous venons, les gens font leur vie. De ce côté-ci, c'est la guerre et ses massacres, et la Syrie hurle dans un monde impassible. Comme si, de l'autre côté d'une frontière, ce n'étaient plus des hommes qui vivaient là. J'avais connu le même sentiment en franchissant la frontière libyenne en août, puis en novembre. C'est douloureux.

Nous sommes arrivés un peu avant minuit dans la bourgade de Masqan, à vingt kilomètres à peine au nord d'Alep. « *Merci à Dieu, parce que nous sommes arrivés en paix* ». Au loin, retentissaient les explosions des bombardements de l'artillerie gouvernementale sur les villes tenues par l'ASL : Azaz, au nord ; al-Bab, à l'est ; et sur Alep, et pas seulement le quartier de Salaheddine… Depuis ce matin, Damas a ordonné l'assaut sur les positions de l'ASL dans le nord. La « Bataille de libération de la capitale » est perdue. C'est donc ici que pourrait se jouer l'avenir de la révolution.

Sur Hayyan aussi, à une dizaine de kilomètres de notre gîte. La ville est en partie détruite. Quelques heures avant notre arrivée, trois frères et les deux fils du plus âgé, dont un adolescent de quinze ans, Moushab, le plus jeune, ont été retrouvés morts sur une petite route de campagne, les mains liées dans le dos. Ils avaient été arrêtés hier par la police secrète, alors qu'ils se rendaient à Alep. Leur seul crime : leur nom, Osso, celui d'une famille dont la plupart des membres ont pris le parti de l'insurrection. Cruellement torturés tous les cinq, les doigts des mains coupés, ils ont été achevés d'une balle dans la tête. Ils serviront d'exemple…

À al-Bab, le 23 juillet, il y a quelques jours, un bombardement avait tué une trentaine de personnes, surprises dans leur sommeil.

Les garçons de l'ASL ont partagé leur repas avec nous, sur fond de bombardement. Et nous avons passé la nuit avec eux, sur une terrasse, sous le ciel étoilé, bercés par le vent. Vers 5h00, les retentissements des bombardements se sont intensifiés, venant d'Alep, et, une demi-heure plus tard, plusieurs formations d'hélicoptères ont survolé le village, en direction d'Alep toujours. Un peu avant 6h00, les bombardements ont repris un rythme plus espacé. Avec l'aube, depuis le toit de la maison, on apercevait au loin des colonnes de fumées. C'était Alep.

Plutôt brûler Alep que céder au peuple ! C'est donc l'option prise par le gouvernement…

Le lendemain, nous nous sommes remis en route, via Hayyan, située à une quinzaine de kilomètres d'Alep.

Toute la région, chaque bourgade, est aux mains de l'ASL.

En juillet 2011, lors de mon premier séjour, le gouvernorat d'Alep était tout à fait calme ; aucun soulèvement n'y était signalé. Aujourd'hui, l'armée gouvernementale a été complètement chassée du nord et de l'est du gouvernorat, et l'ASL est dans Alep où la plupart des quartiers, y compris la Citadelle, bombardée par l'artillerie, s'insurgent contre le régime.

Il n'y a plus de doute, désormais, que les événements de ces derniers mois ont donné une toute autre figure à la révolte syrienne, et qu'il s'agit de la révolution de tout un peuple.

Arrivés à Hayyan, nous avons rencontré le groupe de miliciens qui tiennent la place. La plupart des civils ont fui les bombardements ; Hayyan est une ville fantôme. Comme partout ailleurs, je constate que les rebelles manquent d'armement : quelques armes antichars vétustes, prises à l'armée régulière, une mitrailleuse chinoise à magasin et, bien sûr, les habituelles kalachnikovs.

Fièrement, ils nous montrent un char d'assaut, gisant au beau milieu de la voie rapide, qu'ils avaient détruit fin juin, avec ces mêmes armes.

Ensuite, ils nous conduisent à leur prison, là où sont retenus des soldats, des collaborateurs du régime et des Shabihas, les miliciens d'al-Assad, capturés lors des affrontements il y a plusieurs semaines. Une trentaine d'hommes sont assis le long des murs d'une pièce en sous-sol. Nous pouvons leur parler, mais en présence de leurs gardiens. Ils sont en bonne santé et semblent bien traités ; sauf un, que je remarque : il a le visage tuméfié et semble effrayé. Je m'informe de son cas :

- *A-t-il été blessé lors des combats ?*

- *Non, pas pendant les combats.*

La réponse nous paraît claire ; je n'insiste pas…

Pendant que Domenico s'intéresse au cas de deux détenus accusés d'être des Shabihas, un homme déboule de l'escalier, une massue cloutée à la main (prise aux Shabihas, dont elle est l'attribut bien connu), et entre dans la cellule principale, provoquant l'effroi des prisonniers. Les autres miliciens l'empêchent de poursuivre : « *Saâfiyin, saâfiyin…* » (« *Les journalistes, les journalistes…* »), lui murmurent-ils, tout en tentant de dissimuler la massue. Sur quoi l'homme s'en est allé…

À peine étions-nous ressortis de la prison que des hélicoptères ont survolé Hayyan ; en quelques secondes, la rue s'est vidée des miliciens ; nous avons, nous aussi, couru nous mettre à l'abri. Après quelques passages, le ciel s'est dégagé, et nous avons poursuivi jusqu'à Reytan, un village, à quelques kilomètres de l'entrée d'Alep.

Si l'insurrection semble plus organisée et mieux appuyée à Alep qu'elle l'a été à Damas (où les rebelles ne bénéficiaient pas du support des bourgs alentour), les moyens militaires déployés par le régime sont tels, cependant, que la ville, au soir du premier jour des combats, après une nuit de frappes intenses, apparaît elle aussi sur le point de tomber.

En outre, l'utilisation systématique d'hélicoptères de combat pour traquer les pelotons de l'ASL dans les rues des quartiers insurgés handicape grandement les rebelles, qui demeurent démunis face aux attaques aériennes, aucune démocratie n'ayant accepté de leur fournir les roquettes que les États-Unis avaient accordées, en revanche, aux rebelles libyens.

Lorsque nous approchons de la ville, seule la route de Sheikh Najjar, au nord-est, est encore partiellement tenue par l'ASL. Les quelques journalistes, dont nous avons appris qu'ils seraient entrés avant le déclenchement de l'offensive gouvernementale, seraient pris au piège par l'armée régulière, qui a presque réussi son mouvement d'encerclement de la cité, coupant les combattants de l'intérieur de tout renfort et ravitaillement en matériel et munitions.

Nous nous approchons cependant, mais le terrain est trop à découvert et les hélicoptères, qui décollent de la base de Menej, toute proche, sillonnent le ciel en permanence, mitraillant la route de Sheikh Najjar. Nous devons faire demi-tour…

En fin d'après-midi, un officier de l'ASL nous rejoint chez l'habitant qui nous cache : une opportunité se présente d'entrer ; nous devons partir dans une heure. Domenico et moi ne nous cachons pas notre inquiétude mutuelle… La question qui nous préoccupe : pourrons-nous ressortir ?

Mais nous ne sommes pas arrivés jusque-là pour renoncer sur un moment d'angoisse.

Il nous reste à peine le temps de nous préparer et d'alléger au maximum notre sac...

III. Au cœur de la bataille

Alep (30 juillet 2012) – Hier en fin d'après-midi, j'ai quitté Reytan, à sept kilomètres d'Alep, toujours accompagné par Maher et Domenico.

Le groupe de miliciens de l'ASL que nous suivons depuis deux jours a pour objectif d'entrer en renfort dans Alep, presque complètement encerclée par l'armée gouvernementale.

Nous devions entrer dans la ville par le nord-est, par la route de Sheikh Najjar. Au loin, nous voyions les explosions éclairer le ciel au-dessus d'Alep.

Le soir commençait de tomber et les muezzins avaient déjà appelé à l'avant-dernière prière de la journée, lorsqu'un violent bombardement s'est abattu sur les bourgades alentour.

L'officier qui commandait notre troupe nous a expliqué que, la prière terminée, la majeure partie des combattants de l'ASL s'étaient rassemblés autour d'Anadan, agglomération située à seulement cinq kilomètres de notre position : à Anadan, l'armée régulière avait installé une partie des batteries d'artillerie avec lesquelles elle tirait sur Alep et les différentes places défendues par l'ASL dans le nord de la région.

Le but de l'assaut était donc de détruire ces batteries et de s'emparer de la dizaine de chars qui les protégeaient.

En représailles, tandis que se déroulait l'assaut nocturne, l'artillerie gouvernementale a déclenché ce bombardement dans lequel nous étions pris si soudainement, visant les principales positions tenues par l'ASL au nord d'Alep. La ville d'Hayyan, plus que les autres, en a eu son compte, ainsi que la route de Sheikh Najjar. Ce qui nous a obligés à nous replier dans un hameau, où nous avons attendu.

Toute la nuit, les détonations, suivies, ont retenti, rougissant le ciel de la campagne. Des obus de petit calibre sont tombés sur le village également.

Du toit d'une maison, nous suivions la bataille, les échanges de tirs et les faisceaux des balles traçantes, lorsque le commandant nous a informés que son groupe devait partir en renfort à Anadan. Maher les a accompagnés. Une autre équipe allait nous emmener à Alep.

Domenico et moi avons attendu. J'ai retenu quelques phrases de l'échange que nous avons eu, qui m'ont beaucoup appris et énormément touché : « *Mon idée du journalisme* », m'a-t-il dit, « *tu sais, c'est... Si je veux bien faire mon métier, il faut être, toujours, toujours, avec les gens qui souffrent; si un journal montre au monde les gens qui souffrent, il a le droit d'exister; le journalisme, ce n'est pas le spectacle, la vie des hommes politiques, ce qu'ils ont fait hier... Ça, ce n'est pas du journalisme. Et il faut aller sur le terrain ; il faut être là, avec eux, pour écrire avec honnêteté ce qu'ils endurent. Pour parler avec Malraux : il faut aller sur le terrain pour partager la condition humaine... Rester dans un bureau et écrire sans rien voir de ce qui se passe vraiment, c'est se moquer de la misère des gens, ce n'est pas honnête; on ne peut pas se moquer de la misère des gens ; on ne peut pas rigoler de leur souffrance.* »

À l'aube, personne ne nous avait encore rejoints. Vers 8h00, les habitants de la maison où nous étions hébergés nous ont fait comprendre que plus personne ne devait venir ; le maître d'école du village, qui parlait quelques mots d'anglais, a été appelé à la rescousse : à notre demande, il nous a mis en contact avec un membre d'un autre groupe de l'ASL, et nous avons été conduits à Douer al-Zeitoun, un bled perdu dans la campagne.

Pendant le trajet, le milicien nous a parlé de l'attaque de cette nuit ; il nous a dit que c'était un grand succès : des dix chars, deux avaient été détruits et les huit autres, encore opérationnels, étaient tombés aux mains de l'ASL, qui allait tenter de les faire entrer dans Alep, en appui aux trois chars qu'elle y possédait déjà, dans le quartier de Salaheddine... « *C'est donc la première division blindée de l'Armée libre* », a lancé Domenico. Nous allions apprendre, quelques minutes plus tard, par les officiers, que l'armée régulière, en se retirant, avait aussi abandonné aux révolutionnaires un formidable arsenal, qui leur permettra de reconstituer leurs réserves, lesquelles, sans aide extérieure, s'épuisaient rapidement, depuis qu'avait commencé la bataille d'Alep.

Arrivés à Douer al-Zeitoun, nous avons été reçus par le colonel Abdel Jabbar al-Okaïdi, dans une grande maison désaffectée.

Lorsqu'il s'est présenté, j'ai immédiatement reconnu son nom : porte-parole de l'ASL à Alep et commandant de la place, il en avait souvent été fait mention dans la presse, depuis quelques jours. Le général Mustapha al-Sheikh, chef du Haut Conseil militaire, m'en avait aussi parlé, quand je l'avais rencontré en Turquie, la veille de passer la frontière.

Avec une magnifique amabilité, il nous a proposé d'entrer dans Alep, au cœur des combats, avec le groupe qui, dans la journée, devait y mener un médecin à l'hôpital que l'ASL avait remis en état de marche.

En attendant, j'ai eu l'occasion de m'entretenir avec le colonel al-Okaïdi sur les opérations militaires en cours : très optimiste, il m'a expliqué que la moitié d'Alep était déjà aux mains de l'ASL et que l'armée régulière, malgré ses importants moyens, peinait à combattre en milieu urbain. Ainsi, à moins de détruire la ville pierre par pierre, m'a-t-il dit, le gouvernement devait s'attendre à une longue bataille.

Comme toujours, depuis le début de notre expédition, nous avons été très courtoisement accueillis : les miliciens ont partagé avec nous gâteaux, thé, café, cigarettes aussi (si nous avions été fumeurs). Du fait de la forte chaleur, cependant, nous devions décliner ces offres et acceptions volontiers un verre d'eau, en revanche, de sorte que nos hôtes ne s'en trouvaient pas choqués.

- *Nous sommes au centre de la région sunnite,* ai-je dit en me tournant vers mon compagnon de voyage. *Mais, quoi qu'il en soit, les combattants de l'ASL n'ont rien d'islamistes surexcités. En plein Ramadan, à part l'un ou l'autre cas exceptionnel qui déroule son tapis de prière, ils boivent le thé, mangent et fument pendant le jour... Et ils ne respectent pas la prière. Ils ne se gênent même pas pour rire et parlent fort pendant que le cas exceptionnel prie dans son coin. On est décidément très loin de l'image des barbus radicaux que certains véhiculent en Europe. Où sont les djihadistes, les Afghans, les Libyens que d'aucun accusent de noyauter la révolution ? Ce sont simplement des civils, qui ont pris les armes, pour défendre leur village et leur famille, pour en finir avec ce régime d'oppression.*

- *Toi et moi sommes ici les deux seuls vrais musulmans*, a-t-il répliqué en souriant…

En début d'après-midi, soudainement, tous les miliciens qui nous entouraient se sont activés. Le moment était venu. Nous allions entrer dans Alep.

Avec nous, dans une voiture banalisée, le docteur Yasser Darwish : neurologue, il pratiquait en Turquie, où il vit, avec sa femme et ses enfants. Lorsque la révolution a commencé, il s'est porté volontaire : les médecins, en Syrie, ont peur des représailles du gouvernement ; tous ont déserté les zones tenues par l'ASL. Le docteur Yasser rejoint le seul hôpital d'Alep qui se trouve sous le contrôle de l'ASL.

En un quart d'heure à peine, par les chemins de campagne, nous atteignons la route de Sheikh Najjar et la banlieue nord-est d'Alep. Devant nous, des colonnes de fumée s'élèvent au-dessus de la ville martyrisée.

Ici et là, s'accumulent les ordures, qui ne sont plus évacuées ; des camions de l'ASL distribuent de larges galettes de pain à la population qui se presse en longues files ; les volets de tous les commerces sont baissés ; et il nous faut slalomer entre les carcasses de voitures, les cratères creusés dans l'asphalte par les impacts des roquettes et les gravats des maisons éventrées par les obus et les fusées tirées par les hélicoptères de combat, autant d'obstacles qui jonchent les rues.

La population d'Alep n'a pas pu s'enfuir à temps, et beaucoup de familles sont à présent piégées dans leur appartement.

Nous descendons de la voiture : le chant grave du muezzin, l'appel à la prière, s'élève lentement dans l'air brûlant, entrecoupé par les explosions des bombardements.

Lorsqu'un obus de très gros calibre frappe le sol, on le sent vibrer sous nos pieds.

Pour le moment, ma base d'action sera l'hôpital du quartier de Tarik al-Bab, à la limite du quartier Shahar, où l'ASL attend une attaque de l'armée gouvernementale pour demain, après-demain peut-être. On m'y prête une chambre, la 308. En refermant la porte, sur le sol, j'y découvre une horloge à l'effigie du président al-Assad, appuyée au mur. *« Il se cache là comme une petite souris* », me dit, l'air goguenard, le milicien qui m'accompagne.

Par sécurité, il me demande de ne pas divulguer le nom de l'hôpital tant que nous n'aurons pas quitté les lieux, contrôlés par l'ASL, mais fréquemment attaqués par les Shabihas, les miliciens qui soutiennent le régime. Il y a deux jours, m'explique-t-il, ils avaient atteint l'hôpital et essayé d'achever les blessés. C'est pourquoi, dorénavant, dans les ascenseurs et à chaque étage, des soldats de l'ASL patrouillent…

L'air y est suffocant : par 42°C à l'ombre, les fréquentes coupures de courant empêchent les climatiseurs de rafraîchir l'atmosphère. Régulièrement, en effet, le régime détruit les lignes électriques, que des techniciens qui supportent la révolution détournent et rétablissent autant que faire se peut. Les chirurgiens, qui reçoivent ici une partie des blessés de la bataille qui se déroule à Alep, opèrent donc comme ils peuvent, avec des moyens parfois dérisoires.

En début de soirée, un événement a ameuté tout l'hôpital. On vient me chercher dans le bureau du directeur où je rédige ma chronique ; on m'entraîne par le bras : un pick-up a déposé un photographe de presse de l'agence turque Anadolu, Sinan Gul : il a été pris pour cible par un sniper, alors qu'il travaillait dans le quartier de Salaheddine ; ses deux jambes ont été touchées… Nous ne sommes pas les bienvenus, et le régime le rappelle quelques fois.

Mais le plus dur de la journée ne fut pas cet événement…

Une demi-heure après notre arrivée, deux camions ont apporté leur chargement de blessés. C'est comme toujours : le sang n'est pas d'un beau rouge vif, comme on le voit au cinéma ; il est roux, sale et, du fait de la chaleur, il sent très vite mauvais. Il y a aussi l'odeur d'urine et d'excrément, de ceux qui ont perdu tout contrôle d'eux-mêmes. J'ai beau avoir vu ces choses plusieurs fois déjà, lorsque j'étais sur la ligne de front, avec les rebelles, en Libye, par exemple, et, plus récemment, dans les geôles du pouvoir syrien… Ça fait toujours le même effet ; c'est désespérant.

Certains hommes pleurent ; et je n'arrive pas moi-même à retenir mes larmes, tout en essayant de garder bonne figure et de sourire à celui-là, qui, essayant de parler sans pouvoir produire un son, me tend la main, que je prends entre les miennes. Voilà, brutalement, la guerre qui se manifeste et m'enveloppe, en quelques secondes.

Les lésions sont souvent profondes, infectées, et la chaleur augmente les risques de gangrène, qui tue autant que les blessures elles-mêmes.

Dans le domaine humanitaire non plus, la révolution ne reçoit aucune aide, d'aucun État, de personne…

IV. Une journée ordinaire de guerre à Alep

Alep (31 juillet 2012) – La nuit s'est achevée, hier, dans les chants joyeux des jeunes du quartier de Tarik al-Bab, qui manifestaient, comme tous les soirs, pour exhorter le président al-Assad à quitter le pouvoir et à rendre la liberté à son peuple.

Elle n'a pas été reposante : toutes les demi-heures, ou presque, un combattant frappait à ma porte pour vérifier que tout était en ordre. C'est la procédure, depuis que des miliciens pro-Assad ont attaqué l'hôpital, il y a quelques jours : chaque pièce est surveillée, en permanence.

En outre, ce matin, le réveil est brutal. Dès l'aube, un hélicoptère survole la rue et mitraille à l'aveuglette les façades des immeubles. Des combattants de l'ASL qui défendent l'hôpital entrent en trombe dans ma chambre et m'éloignent des fenêtres…

C'est une journée ordinaire qui commence, une journée de guerre, à Alep.

Déjà, les premières ambulances se succèdent devant l'hôpital. Je redoute ces nouveaux arrivages. Je descends cependant les trois étages ; sans me presser dans les escaliers : j'imagine bien les horreurs qui m'attendent.

En débouchant dans le hall d'entrée, je tombe sur un groupe de miliciens, qui entourent un adolescent en pleurs ; il est blessé, torse nu ; son sang coule le long de son bras et de sa jambe. Il n'a pas d'uniforme. On m'explique qu'il fait partie d'une des polices du régime et qu'il vient d'être capturé dans le quartier ouest de Salaheddine, où les combats ont été les plus violents de ces derniers jours.

Ses blessures ne sont pas très graves : il a pris quelques éclats de grenade dans l'épaule et une balle lui a déchiré le haut de la cuisse. Les miliciens lui ont donné à manger, une galette de pain, du fromage et du thé. Mais l'un d'entre eux, un homme déjà âgé, le prend à partie pour avoir pris les armes du côté de la dictature. Ses invectives sont violentes et ses gestes, menaçants. Le garçon, effrayé, lui répond qu'il n'est pas de la police secrète ; qu'il fait son service militaire et qu'il a été obligé de se battre. « *Une fois qu'ils sont pris, ils disent tous ça* », me lance l'infirmier qui se tient à côté de moi. La grosse colère du vieil homme passera, et il offrira une cigarette au gamin.

Un peu plus loin, sur une civière, un autre garçon attend. Il a reçu une balle dans le ventre. Il a été fait prisonnier avec le premier et a été blessé par accident, par un jeune révolutionnaire apeuré, alors qu'il avait pourtant jeté son arme et s'avançait les mains levées. Lui aussi est terrorisé et se demande ce qu'il adviendra de lui ; il me saisit par le bras et m'interroge : « *est-ce que je suis en sécurité ?* ».

Je me tourne vers un des médecins de l'hôpital, qui devise avec le commandant des miliciens. Je leur demande ce qu'il adviendra de ces deux gamins. L'officier m'assure qu'ils n'ont rien à craindre : « *l'ASL ne torture pas, ni n'exécute ses prisonniers ; si l'un ou l'autre groupe de miliciens a commis de telles ignominies, il n'est pas digne de se revendiquer de l'ASL, car nous ne voulons pas nous comporter comme se comportent ceux que nous combattons ; si nous les combattons, c'est pour que tout ça s'arrête, pas pour les remplacer, et surtout pas pour leur ressembler.* »

Abdel, 17 ans, originaire d'un village près de Deir-es-Zor, sur l'Euphrate, dans l'est de la Syrie, blessé à la cuisse et à l'épaule, et Ahmed, 19 ans, originaire de Damas, seront tous les deux soignés à l'hôpital de l'ASL.

Quelques minutes plus tard, c'est un Shabiha, un membre de la milice du régime, qui est amené à l'hôpital, une balle dans le genou et une autre dans le bras. Les Shabihas sont les soutiens les plus féroces du gouvernement et commettent régulièrement des atrocités sur la population des quartiers en révolte. Il sera cependant soigné, lui aussi.

Je ne suis pas certain que les choses se passent ainsi de l'autre côté…

Suivront voitures et ambulances qui, comme la veille, jour de mon arrivée à Alep, débarqueront leur chargement de blessés et de morts. C'est terrible à voir, un mort, éclaboussé de son sang, le visage déjà bouffi, sur lequel s'accumulent les mouches du torride été syrien ; c'est très dur à regarder.

L'entrée principale de l'hôpital, qui donne sur le hall, a été condamnée, fermée par de lourdes grilles de métal, pour empêcher l'entrée des militaires du régime, en cas d'attaque sur le quartier. Le seul accès autorisé passe par la salle d'opération des urgences et la morgue. Chaque fois que j'entre ou que je sors, ce sont les mêmes scènes ; impossible de ne pas les voir.

De toute façon, quand bien même cela ne serait-il pas, on ne peut pas échapper au terrible spectacle : on opère partout, même dans le hall d'entrée et, durant la journée, aussi dans les chambres qui nous ont été prêtées –au soir, il faut nettoyer le sang, par terre, et essayer de trouver un drap propre pour pouvoir se coucher.

Et tout le monde est mis à contribution : les chirurgiens manquent ; ils forment les infirmiers aux tâches les plus simples et les leur confient ; un jeune vétérinaire, également, Abdul Rhaman, opère avec eux ; nous sommes vite devenus amis.

Domenico et moi sommes sortis assez tôt. Dans la rue, les soldats de l'ASL surveillent chaque carrefour, sur le qui-vive, craignant à tout moment d'être surpris par une incursion de l'armée régulière dont les premières lignes se trouvent à quelques pâtés de maisons seulement.

Accompagné d'un officier de l'ASL, nous gagnons la ligne de front, dans le quartier de Karm al-Miyasar, sur la rue Shar Osman, dans le sud-est de la ville. En fait de ligne de front, il s'agit plutôt d'un entrelacs de rues, de chaque côté desquelles les deux camps se font face.

Pendant plusieurs heures, l'ASL va tenter de prendre la position tenue par l'armée régulière. Abrité sous un portique, en courant d'un pilier à l'autre, je rejoins la première ligne, c'est-à-dire le premier coin de rue derrière lequel se protègent les soldats. Quelques rafales de kalachnikovs sont tirées. Les militaires du régime répliquent. Les balles ricochent sur le mur et nous couvrent de poussière.

Chacune des positions des deux adversaires est imprenable, et même les hélicoptères qui tournent au-dessus de nos têtes et ouvrent le feu à la mitrailleuse lourde ne parviendront pas à faire reculer l'ASL.

Au cri de « *Allah Akbar !* », un camion fait son entrée dans la rue perpendiculaire au front. Il progresse en marche arrière et se dirige tout droit sur les barricades de l'armée régulière. C'est un tank de l'ASL, improvisé, un char d'assaut de fortune : sur sa remorque, un container, renforcé de plaques de métal, dont les portes arrières sont pourvues de meurtrières. Mais rien n'y fera : les tirs des hélicoptères sont trop puissants et percent la carapace ; c'est le massacre.

Sans aide des démocraties occidentales, les insurgés se débrouillent comme ils peuvent. Mais la bataille d'Alep pourrait bien tourner en leur défaveur, car, tandis que les Russes continuent d'approvisionner le régime en armement, les munitions, déjà, commencent à manquer du côté de la révolution; et c'est cette question qui devrait déterminer le sort de la bataille.

La confrontation se poursuivra jusque tard dans l'après-midi, sans qu'aucun des deux camps ne réussisse à progresser d'une rue.

Nous quittons les lieux ; des cris sourdent dans une rue voisine, puis une foule surgit, portant le corps d'un homme, dans une caisse peinte en vert. Il est couvert de gros morceaux de glace. Le frère du défunt nous explique qu'il a été tué par un sniper devant chez lui ; leur père me prend par l'épaule et m'invite à le suivre dans sa maison, où le cercueil est déposé. Je le suis, mais ne m'attarde pas. J'ai mon compte de morts.

Un homme nous propose alors de l'accompagner : il se targue de pouvoir « *conduire les journalistes à al-Qaeda* » ; à ces mots, d'autres personnes qui assistent aux funérailles nous entourent ; *« c'est un fou ; ne l'écoutez pas, n'allez pas raconter que, notre révolution, c'est al-Qaeda ; vous voyez bien que nous sommes de simples citoyens qui nous battons pour être libres* ». La foule devient agressive ; il vaut mieux partir. Nous essaierons de retrouver cet homme et de tirer cela au clair, demain…

Deux pâtés de maisons plus loin, je rejoins un groupe de miliciens et leur commandant, Abou Ahmed, dans le quartier de Bab al-Neirab. Ils se sont établis dans une école, qui leur sert de caserne. Ils m'expliquent que l'endroit est dangereux : depuis quelques dizaines de minutes, un hélicoptère tourne au-dessus de la place. Il a peut-être repéré les mouvements des soldats autour des bâtiments. Et, de fait, alors que nous traversons la cour de récréation pour rejoindre le gros du groupe, l'hélicoptère survient et lance deux roquettes, dont une fait éclater le revêtement en béton de la cour, à quelques vingt mètres de nous. Nous avons juste eu le temps de nous jeter au sol. Nous nous relevons, couverts de ciment et de débris, et courrons nous mettre à l'abri.

Il est difficile de sortir, à présent. L'hélicoptère tourne toujours. Au bout d'un moment, la situation se complique : ce sont deux avions qui apparaissent dans le ciel ; un Mig-21, très reconnaissable, et, selon un des miliciens, un L-39. Je suis stupéfié : je ne savais pas que le gouvernement syrien avait décidé d'engager l'aviation dans la bataille d'Alep ; qu'il avait osé franchir ce pas, cette limite que l'ONU et la Communauté internationale considéraient comme une ligne rouge.

Les deux avions font plusieurs passages et frappent ; des explosions retentissent dans un quartier voisin. Mais ce n'est pas nous qui sommes visés : il s'agit du quartier d'al-Barry, tenus par les partisans de la famille du même nom, soutien du régime (un de ses membres, Hassan Chabaan, appartient au parlement, précise un jeune milicien). Environ deux cents Shabihas, soutenus par une vingtaine de combattants du Hezbollah, s'y trouvent encerclés par l'ASL ; l'aviation essaie de les désenclaver en frappant les positions des rebelles.

Nous, nous restons la cible de l'hélicoptère ; quelques roquettes s'abattent encore autour de l'école ; c'est devenu trop dangereux, et je profite d'une accalmie pour m'extraire de l'endroit et rejoindre Domenico qui, de l'autre côté de la rue, avait suivi le bombardement : « *Les roquettes, c'est une guerre de lâche !* », me dit-il. « *Regarde ça ! Elles tombent n'importe où, sur de pauvres gens.* »

Je prends alors la décision de pousser en direction du quartier al-Barry, au-dessus duquel s'élève un épais nuage de fumée noire. Nous y pénétrons, accompagnés de deux miliciens de l'ASL. Je souhaite avancer le plus près possible de la ligne de combat. Domenico me demande de rester prudent. Nous nous engageons dans un dédale de ruelles et nous nous apercevons, trop tard, que nous avons dépassé les lignes de l'ASL et sommes dans la zone tenue par les Shabihas. Un homme, qui observe l'incendie depuis la rue dans laquelle nous avançons, se tourne vers nous en nous insultant, ameutant d'autres hommes, qui se ruent dans notre direction.

Nous nous sauvons sans chercher à comprendre et repassons derrière les lignes de l'ASL.

C'est tout le danger de cette guerre urbaine, dans laquelle on peut facilement s'égarer dans la zone ennemie, sans s'en rendre compte…

Nous décidons de regagner l'hôpital. Nous nous en sommes éloignés plus que nous l'avions prévu, et il est impossible de trouver un véhicule ; les rues sont presque désertes. Nous nous adressons aux habitants que nous rencontrons ; personne ne peut nous aider : « *Mâfi benzin ; mâfi !* » (« *Plus d'essence ; plus du tout !* »). Depuis quelques jours, si les quartiers insurgés d'Alep reçoivent encore des denrées alimentaires acheminées par l'ASL, le carburant, en revanche, est presque épuisé ; il est bien évident qu'un camion citerne est plus repérable, depuis un hélicoptère, qu'une camionnette de boulanger…

En arpentant les rues, nous nous rendons compte qu'un autre problème risque de se présenter : les tas d'ordures accumulées un peu partout commencent à prendre des proportions considérables ; les risques de voir apparaître certaines maladies épidémiques, par ces fortes chaleurs, ne sont pas imaginaires.

Arrivés à l'hôpital, il nous faut repasser par la morgue en plein air qui précède les urgences. Un jeune garçon pleure, enlaçant sa mère dans ses bras. Une chaussure, sur le sol, couverte de sang. Je m'attends au pire.

Et c'est à nouveau le désespoir : des cadavres, tout gonflés, et des hommes, le corps détruit, du sang ; je ne parviens plus à supporter ces salles d'opération, ni le couloir qui les dessert et qu'il me faut emprunter ; on y marche dans le sang.

Les semelles de mes chaussures en sont maculées…

V. La Mosquée de Saladin

Alep (1er août 2012) – En fin de soirée, hier, plusieurs voitures sont encore arrivées à l'hôpital. Toute une famille, parents, oncles et tantes, avec leurs enfants, qui fuyaient la ville, ont été pris pour cible par un hélicoptère de combat. Deux roquettes ont frappé leurs véhicules. Amputations, extractions des shrapnels, les chirurgiens ont opéré toute la nuit, dans une mare de sang.

On est venu me chercher : « *Venez, venez voir ce qu'ils ont fait !* »

Un homme, conscient, regardait en sanglotant sa main, pantelante, déchiquetée. Trois doigts avaient été arrachés ; les deux autres se balançaient dans le vide, encore attachés par les tendons à une masse de chair déchirée. Le chirurgien m'a appris plus tard qu'il avait dû la couper.

Un autre, le ventre ouvert, déversait ses tripes sur la table des urgences ; le docteur Yasser, relayé par son collègue, le docteur Mohamed, a opéré pendant quatre heures : l'homme devrait s'en sortir.

Au rez-de-chaussée, l'odeur du sang était devenue insupportable. La chaleur l'emportait aux étages supérieurs, par les cages d'escaliers ; l'odeur se répandait aussi par les ascenseurs.

Les cris, la panique, les enfants en pleurs ; l'horreur, encore, et la misère, toujours.

Et puis, plus rien. Comme si la guerre s'était arrêtée.

Ce matin, non, plus rien. Le rez-de-chaussée, véritable purgatoire en tant normal, est presque abandonné, éclairé par un agréable soleil vespéral. Trois infirmiers y causent, sereins.

Les salles d'opération sont vides. Un milicien, nonchalant, écrase sa cigarette devant la morgue, dont il garde l'entrée.

C'est surréaliste.

Et même les bombardements avaient cessé, au cours de la nuit, sans que je m'en fusse rendu compte, déjà habitué à leur grondement incessant ; surtout, épuisé par la canicule, nerveusement harassé, j'avais trouvé un endroit où me réfugier pour dormir quelques heures et m'étais laissé aller à oublier tout ça, l'espace d'un somme.

Mais le répit allait être de courte durée et, comme le veut l'expression, c'était tout simplement le calme, avant la tempête…

Aujourd'hui, nous décidons de nous enfoncer dans la bataille. Domenico m'accompagne. J'ai demandé au commandant de l'ASL qui protège l'hôpital s'il pouvait nous prêter une escorte. Avec les miliciens, nous gagnons le quartier d'al-Fardous, non loin de Tarik al-Bab, là où se trouve « notre » hôpital.

Sur le chemin, nous nous arrêtons devant le principal fait d'arme de la veille : la centrale de la police du quartier, prise d'assaut par l'ASL qui, mardi, a attaqué plusieurs des lieux symboliques du pouvoir baathiste, tribunaux, commissariats, siège du parti… Autant de victoires par lesquelles elle a fait la preuve de sa capacité de frapper où et quand elle veut, et avec succès.

Tout à côté des miliciens organisent une distribution de pain. Les quantités sont rationnées, pour casser le marché noir qui a fait son apparition ; de longues files s'étirent le long des murs de la boulangerie, formant un angle au coin du bâtiment.

De là, on nous conduit dans un autre commissariat, où nous changeons d'escorte, puis dans une école, qui est désormais le quartier général de l'ASL d'al-Fardous.

Le commandant de la place se méfie ; il ne veut pas me dire son nom : il vérifie nos téléphones portables, mon appareil photographique, pour être bien certain qu'ils ne dissimulent pas du matériel GPS qui servirait à localiser son unité. Il nous interroge… Je lui donne le numéro du docteur Yasser, à l'hôpital ; un coup de fil, et tout est arrangé. Nous allons pouvoir investiguer dans al-Fardous sous la protection de son groupe.

En attendant, on nous offre le thé, et je sympathise avec deux jeunes miliciens qui parlent assez bien l'anglais. Ahmed, 19 ans, la kalachnikov à la bretelle, et Reda, 18 ans, qui aimerait bien trouver une petite amie. « *Mais, ici*, m'explique-t-il, *ce n'est pas comme en Europe : on ne peut pas embrasser une fille avant d'être fiancé* ». Ils n'ont pas appris l'anglais à l'école, mais en regardant des films américains. « *On écoute, et on répète* », me dit Reda. La politique d'enseignement d'État axe plutôt l'étude des langues sur le russe, voire sur pas de langue du tout…

Reda terminait l'enseignement secondaire, et Ahmed commençait l'université, en sciences agronomiques, quand la révolution les a arrachés à leurs études. Ils me rappellent mes élèves…

J'apprends que le groupe du commandant sans nom détient des prisonniers. Je demande à les voir. On m'y autorise sans la moindre difficulté.

Il s'agit d'abord de six jeunes hommes, des policiers capturés la veille lors de l'attaque du commissariat principal, tous habillés à l'identique, en pantalon court et maillot orange (probablement les tenues de sport trouvées dans l'école). Je suis étonné, car, dès notre arrivée, je les avais vus circuler librement dans l'école-caserne ; l'un d'eux a même passé un long moment au téléphone, dans le salon où nous avons été accueillis. Reda m'explique, en riant, qu'ils ne sont pas vraiment prisonniers ; ils étaient obligés de se battre pour le régime, mais, dans le fond, ils n'ont aucune sympathie particulière pour le président al-Assad et le système. Aussi, dans quelques jours, ils seront relâchés et rentreront dans leur famille. Et ceux qui le souhaiteront pourront rejoindre l'ASL. En attendant, ils se rendent utiles, ils font le ménage et servent le thé…

On nous emmène ensuite dans une salle, où deux soldats de l'armée régulière, blessés, sont couchés sur des matelas. Ils sont visiblement bien soignés. Je demande au commandant, qui nous accompagne, si leur unité bénéficie de la présence d'un médecin. Et c'est bien le cas, ainsi que d'une pharmacie. Le groupe est bien organisé.

Quand un médecin soigne un insurgé blessé, s'il est pris par la police secrète ou les Shabihas, il est brûlé vif ; les Shabihas entrent régulièrement dans les hôpitaux et, s'ils y trouvent des patients de toute évidence blessés lors des manifestations, ils les achèvent d'une balle dans la tête…

Tout au fond d'un couloir, j'aperçois deux hommes derrière une grille qui mène à un petit sous-sol. Eux, ils sont très clairement moins bien traités. J'interroge le commandant à leur propos. Ce sont des Shabihas. Ils ont dénoncé des gens qui aidaient les rebelles. Je ne peux pas prendre de photographie ; j'en prends quand même, et on me laisse faire…

Il faut attendre, pour sortir, que les hommes reviennent du combat. Trois heures s'écoulent ainsi. Je m'intéresse à l'armement des rebelles : tout est russe ou chinois ; tout a été pris à l'armée du régime. Un milicien m'explique qu'il a acheté lui-même son arme, à un soldat déserteur. Aucune aide occidentale n'est en tout cas visible. « *L'Occident ment !* », s'exclame le commandant. « *Vos chefs ne cessent de dire à la télévision qu'ils veulent nous aider ; mais ils ne font rien et ne nous laissent même pas acheter des armes. Mais nous ne sommes pas seuls : Dieu nous aidera.* »

- *Dieu est ici ; il n'est plus en Europe*, me dit Domenico, l'air très sérieux, en se tournant vers moi. *Non, mais, c'est vrai, hein ! Regarde cette foi qu'on peut rencontrer ici. En Europe, Dieu n'est pas mort ; il est parti. Il ne parle plus. Ici, il parle encore…*

Et nous reprenons le thé, avec Ahmed et Reda, et des gâteaux (mon ami de *La Stampa* en raffole). Les écouter est passionnant, et les circonstances font que nous devenons pour ainsi dire des amis. C'est accompagné de Reda, Ahmed et de deux autres miliciens que nous visitons le quartier ; ils nous montrent les volets des boutiques mitraillés, les immeubles crevés par les tirs des chars…

Au cours de la visite, nous nous arrêtons devant une des rares échoppes qui vend encore du pain. Brusquement, comme un essaim, toute une foule se presse autour de l'étale. Reda rigole :

« *C'est toujours comme ça ! Quand nous sommes là, ils vendent le pain à quinze livres ; et, quand nous ne sommes pas là, ils le vendent à vingt. Alors, les gens attendent que nous passions pour en acheter !* ». J'en déduis que l'ASL impose des prix maximums et essaie, globalement, de maintenir l'ordre. Reda m'informe que, bientôt, ils vont aussi s'attaquer au problème des ordures, qui s'accumulent dans les rues.

Arrive le moment de nous quitter : à notre demande, leur groupe nous transfère à celui qui contrôle le quartier de Sikari. Nous échangeons nos adresses électroniques. Il y a Facebook, aussi : la jeunesse syrienne n'a pas de retard sur celle de l'Europe. Et nous nous embrassons très sincèrement. Je leur demande à tous les deux d'être extrêmement prudents, de ne pas jouer les héros pour impressionner leurs copains, et je les quitte, en priant Dieu qu'il ne leur arrive rien et que, la révolution terminée, je puisse revoir Ahmed et Reda, qui me présentera sa petite amie…

Dans le quartier de Sikari, nous somme reçus par le commandant Farouk. C'est un quartier plus religieux ; le drapeau noir à l'inscription blanche « *Il n'y a de Dieu que Dieu* » flotte à l'entrée du complexe qui abrite leur quartier général. Nous demeurons au QG le temps seulement de faire connaissance et de procéder à quelques vérifications, et nous traversons le quartier. Nous sommes pris en charge par le capitaine Mustapha ; lorsqu'il apprend que je suis belge, il commence à me parler néerlandais. Et de m'expliquer : « *Ma femme est belge ; elle s'appelle Vivianne, et est de Sint-Niklaas ; moi, je suis revenu pour la révolution* »… Ressortant tout ce qu'il me reste du néerlandais appris à l'école, je lui demande s'il veut bien nous escorter jusqu'à Salaheddine, la région d'Alep où ont lieu les combats les plus violents. Il nous y conduit, à travers les quartiers d'al-Ameria et al-Mashad, tous deux également aux mains de l'ASL.

L'après-midi est déjà avancée et, curieusement, les bombardements sont maintenant très espacés.

Arrivés à Salaheddine, au pied de la Mosquée verte de Saladin, qui a donné son nom au quartier et se dresse, intacte, au milieu des ruines, nous constatons les dégâts. Ce quartier, qui recouvre une partie du sud-ouest d'Alep, est le plus régulièrement bombardé. À son extrémité ouest, passe une autoroute. C'est la ligne de front ; les troupes gouvernementales sont stationnées derrière cette autoroute.

Mais le quartier est tenu par l'ASL. C'est indéniable : les troupes gouvernementales y ont été vaincues ; seule une petite partie est encore disputée, au-delà de la rue Hamdanieh. Et, en somme, presque encerclée par l'armée régulière (la prise d'Anadan, dans la nuit du 29 au 30 juillet, a toutefois rouvert la route du nord), la ville, à l'intérieur, est donc coupée en deux, l'ASL contrôlant désormais toute la moitié sud-est, de Tarik al-Bab à Salaheddine.

Nous avons peu de temps ; nous sommes conduits au quartier général de la zone, mais nous y trouvons un tumulte complet : les combattants sont en train de tout déménager ; le QG, ici aussi installé dans une école, a été repéré ce matin par des hélicoptères qui ont bombardé l'endroit de roquettes. Deux avions de combat, un Mig-23 et un Soukhoï, ont pris la relève. Toutes les maisons alentours ont été touchées ; les façades se sont effondrées sur les voitures garées dans les rues, jonchées de vêtements, de mobilier et d'ustensiles divers…

Ici aussi, j'examine l'armement que les rebelles sont en train de déplacer en catastrophe et de charger dans un pick-up. Notre arrivée n'était pas annoncée, nous sommes dans un des quartiers généraux de la rébellion, et la situation ne se prête pas à la dissimulation : toujours cet armement léger, des armes russes et chinoises prises à l'armée régulière, des kalachnikovs, surtout, usagées, que l'on transporte dans des couvertures. Aucune arme occidentale ou israélienne. Comme à chaque fois que je les ai rencontrés, les rebelles n'ont manifestement pas reçu le moindre soutien extérieur, en matière d'armement, du moins, et ne peuvent compter que sur leurs propres ressources.

Je pose même la question sans détour ; un jeune homme s'exprimant parfaitement en anglais me répond que toutes leurs armes viennent de l'armée régulière syrienne, mais qu'elles suffiront à combattre « *le monstre* », et il ajoute :

- Le dictateur a dit au peuple : « Vous avez le choix : ou bien je reste au pouvoir, ou bien je détruis le pays ». Nous allons le chasser avant qu'il le fasse.

Le temps passe ; les vérifications auxquelles ont procédé les différents groupes qui nous ont pris en charge ont duré une éternité. Il nous faut quitter l'endroit avant la nuit ; mais nous reviendrons demain. J'ai en effet repéré deux, voire trois combattants, qui ne parlent pas l'arabe. Leur habillement m'interpelle également, et je me demande s'il ne s'agit pas là de l'un ou l'autre de ces djihadistes étrangers, parfois liés à al-Qaeda, dont certains médias ont dénoncé la présence en Syrie et dont j'avais moi-même évoqué l'existence dans plusieurs articles…

De ces transferts successifs, il apparaît clairement que, si le haut commandement de l'ASL veut s'organiser de manière très militaire, sur le terrain, les groupes ne fonctionnent pas comme une armée : chaque groupe a son « capitaine » ou « commandant » ; les grades n'ont aucune importance. Il est le chef de sa petite troupe, constituée d'hommes du quartier, qu'il connaît et qui le connaissent. Et c'est bien normal, puisque, outre les déserteurs, la plupart de ces hommes sont surtout des civils qui se sont armés pour se protéger et, si possible, chasser le système baathiste du pouvoir.

C'est l'ensemble de ces groupes de quartiers et de villages que le Haut Conseil de l'ASL, constitué des officiers et généraux qui ont fait défection et se sont exilés en Turquie, essaie d'unifier pour mener efficacement la guerre contre le régime.

Nous ressortons du QG et marchons dans les rues délabrées…

Comme à son habitude, Domenico pense à haute voix :

- Mon cher ami, dans ma prochaine vie, je crois que je vais ouvrir une pâtisserie. Je serai au milieu des gâteaux, et plus jamais de toute cette misère…

Nous rentrons à l'hôpital. La nuit s'annonce déjà, et il est grand temps de rédiger le témoignage des événements de la journée. C'est alors que nous nous rendons compte que tous les moyens de communication on été coupés : ni le téléphone, ni internet ne fonctionnent plus.

Un photographe espagnol, arrivé hier à l'hôpital, tente de mettre en place une connexion satellitaire. En vain. Nous sommes coupés du monde. Impossible d'envoyer ma chronique quotidienne au *Soir*. Impossible, surtout, de rassurer mes proches, qui pourraient m'imaginer pris au piège, toujours dans le quartier de Salaheddine.

Placide, Domenico philosophe : « *Il y a toujours quelque chose qui ne marche pas, dans la vie* ». Coïncidence parfois prophétique, c'est à ce moment-là que l'électricité se coupe également…

Tous les signes sont là : il faut s'attendre à un assaut dans les prochaines heures. La contre-offensive du régime, qui avait répondu à l'insurrection d'Alep, le 20 juillet, s'est heurtée à une résistance telle qu'elle n'a pu en venir à bout. Mais, après un retrait tactique, l'armée régulière va réattaquer.

Et, de fait, la nuit tombée, les premiers hélicoptères refont entendre leur ronronnement funeste dans le ciel noir d'Alep…

VI. Mourir à Alep

Alep (2 et 3 août 2012) – C'est une guerre longue qui s'annonce ici, une guerre d'usure. Le gouvernement a repris l'offensive, avec toute la puissance de son arsenal, continuellement alimenté par son allié russe. Mais les combattants de la révolution, s'ils manquent de tout, sont implantés partout dans la population ; les chars peuvent passer, ils ressurgiront derrière eux.

Ce matin, je repars pour Salaheddine, vaste quartier du sud-ouest d'Alep. La bataille y fait à nouveau rage ; on entend d'ici les obus qui s'abattent tout autour de la Mosquée de Saladin. Et l'on attend pour ce soir ou demain les colonnes de blindés qui se sont mises en route de Damas et d'Idlib et foncent sur Alep à toute allure.

Abdul Rhaman, mon ami vétérinaire devenu médecin par le fait de la guerre, me demande d'être prudent. « *À Salaheddine,* me dit-il, *depuis des jours, il tombe toujours quelque chose du ciel ; et, si ce ne sont pas des bombes, ce sera la pluie, ou la neige...* » Domenico, mon compagnon de voyage, a accepté de prendre à nouveau le risque d'y entrer aussi, pour ne pas me laisser y aller seul. Même si son journal lui a signifié que, pour la Syrie, c'est terminé : « *Les gens sont sur les plages* », m'explique-t-il, désabusé, et l'air plutôt agacé. « *Ils veulent lire des choses légères ; alors, les morts, la guerre, et la révolution syrienne...* »

Mais, ici, les gens sont loin des plages. Le cortège des blessés, des morts, a repris à l'hôpital, où les corps sont amenés par tous les moyens ; beaucoup proviennent de Salaheddine.

Les troupes du gouvernement sont déployées au-delà de l'autoroute, qui délimite le quartier à l'ouest. Elles ont été repoussées par les rebelles, par plusieurs jours de combats, depuis l'insurrection d'Alep, le 20 juillet. Seuls quelques pâtés de maisons, au-delà de la rue Hamdanieh, sont encore occupés par l'armée régulière.

Nous « profitons » du départ d'une ambulance, qui vient à peine de déposer son chargement, pour regagner avec elle Salaheddine. Abdul Rhaman veut aussi être du voyage : « *Je commence à te connaître, Pierre ! Tu vas encore te mettre en danger ! Je vais avec toi.* » Il nous accompagne donc, ainsi que deux miliciens de l'ASL, en armes. Je monte à bord en m'appuyant sur la civière, elle est couverte de sang. Je m'essuie la main, comme je peux, sur le bas de mon pantalon.

- *Nous sommes en train de violer la Convention de Genève*, nous dit Domenico. *Cette ambulance est armée ; il ne s'agit plus de secours, mais d'un transport de troupes, même s'ils ne sont que deux : si les autres veulent tirer, légalement, ils ont le droit de le faire.*

- *C'est parce que les hommes de Bashar tirent sur les ambulances que nous devons les protéger*, répond Abdul Rhaman.

Je ne suis pas rassuré : Domenico a raison ; mais je suis loin de ma salle de cours et de la théorie du droit international. Les hélicoptères, en effet, visent les ambulances ; nous sommes donc une cible toute désignée.

Nous allons ainsi rejoindre le quartier général de la rébellion à Salaheddine, où nous nous trouvions hier. Cette fois, l'objectif est de gagner le front, la rue Hamdanieh, que les rebelles ont rebaptisée la « 10ème rue ».

Auparavant, cependant, les rebelles veulent nous montrer quelque chose. Ils nous emmènent dans la « 15ème rue », un peu en retrait du front. Elle débouche sur l'autoroute. C'est par l'extrémité ouest de cette rue que les troupes gouvernementales avaient fait irruption dans le quartier au moment de l'offensive de l'ASL, le 20 juillet. Les rebelles les en ont chassées avant-hier, après dix jours de lutte.

La découverte qu'ils y ont faite est macabre : une dizaine de civils, des habitants du quartier, ont été massacrés par les soldats du régime. Leurs corps n'ont pas été évacués pendant ces dix jours de combats ; ils gisent encore là, en décomposition, grouillant de vers et couverts de mouches, suractivées par la chaleur de l'été.

Je m'approche du premier cadavre, le corps d'un homme, étendu au milieu de la rue, les bras en croix, devant sa camionnette mitraillée. Les dents apparaissent, sous les lèvres rongées par la vermine. Je photographie. Je progresse plus avant dans la rue : un jeune homme, couché sur le dos, a été tué sur le pas de la porte de son immeuble. Je photographie. Plus loin encore, dans le hall d'entrée d'un autre bâtiment, quatre ou cinq corps enchevêtrés pourrissent. J'entre. Une nuée de mouches me fait reculer. L'odeur est pestilentielle. Le sang s'est écoulé jusque dans la rue en une longue traînée noire. Je respire profondément, et j'y retourne. Je photographie à nouveau. Je dois ressortir. Je prends une autre pleine poumonée d'air, et je parcours une troisième fois le couloir qui mène à ces malheureux ; je photographie toujours. Cela ne fait aucun doute : il s'agit d'un crime de guerre. Un de plus…

« Un crime de guerre » ; l'expression, que j'enseigne depuis des années, m'apparaît soudainement absurde, après tout ce que j'ai vu depuis mon arrivée à Alep ; plus exactement, elle m'apparaît vide de tout sens et presque indécente.

Au bout de la rue, deux autres cadavres sont étendus ; cette fois, il s'agit de soldats du régime.

Nous remontons dans l'ambulance, qui nous conduit au QG du quartier, en compagnie de deux pillards que les rebelles viennent d'arrêter dans les ruines.

Je demande à voir le commandant : hier, j'avais remarqué plusieurs des combattants rebelles, qui ne parlaient pas l'arabe. Je veux lui poser la question clairement : qui sont-ils ? S'agit-il de djihadistes ? De mercenaires ? Ont-ils quelque chose à voir avec al-Qaeda ?

Le commandant, Abou Bakri, me reçoit très aimablement. Alors que je m'attendais à rencontrer un barbu à la peau burinée, je me retrouve face à un jeune homme, coiffé à l'européenne, rasé, étudiant en économie. Il parle un peu le français. Assis près de lui, un autre jeune homme, tout aussi « bon chic, bon genre » ;

c'est un de ses amis d'université, aussi étudiant en économie, qui l'a rejoint dans la lutte contre la dictature baathiste.

Nous discutons de la question. Ses réponses sont franches, sans détour, et confirment ce que j'avais pu constater à chacun de mes séjours syriens, depuis le début des événements : des groupes djihadistes circulent, en relation avec al-Qaeda. Mais les rebelles syriens ne les acceptent pas. « *Ils n'ont rien à faire en Syrie.* »

Par contre, Abou Bakri m'explique que, dans son groupe, il y a quelques étrangers, qui se battent aux côté des Syriens insurgés : quelques Tchétchènes, un Irakien, des Afghans... Ils ne sont pas plus d'une vingtaine à Alep, sur environ deux mille combattants, et ils n'ont aucun lien avec al-Qaeda. Ce sont des électrons libres, qui sont venus aider la révolution ; après quoi ils rentreront chez eux.

- *Face à ce régime assassin, nous avons besoin de toutes les aides possibles*, précise Abou Bakri. *Il y a aussi des Chrétiens dans notre mouvement. Et nous acceptons tout le monde, y compris les étrangers. Ce n'est pas comme l'ASL.*

Ainsi donc, nous n'avons pas affaire à l'ASL. De question en question, les choses deviennent plus claires : il s'agit d'une autre organisation résistante, Jabhet al-Nosra (Les Vainqueurs de la Première Ligne), qui aurait des ramifications dans tout le pays et se composerait essentiellement de jeunes et d'étudiants.

- *C'est que nous ne faisons pas pleinement confiance à ceux qui dirigent l'ASL*, poursuit le jeune commandant. *Nous coordonnons nos efforts avec l'ASL, mais nous ne prenons pas nos ordre de leurs officiers : avant de changer de camp, ces hommes occupaient des fonctions importantes dans l'armée de Bashar al-Assad ; ils travaillaient pour le système. Je ne crois pas qu'ils vont changer de mentalité et renoncer à leurs ambitions du jour au lendemain.*

- *Et quels sont les objectifs de votre organisation ? Qu'adviendra-t-il, après la révolution ?*

- Nous n'avons pas d'autre objectif que de renverser la dictature pour permettre à notre pays, là où nous vivons, de mettre en place un gouvernement élu, démocratique, qui travaille dans l'intérêt des gens. Nous n'avons aucun agenda caché ; et nous n'avons aucun projet concernant l'Islam, contrairement à ce que beaucoup de journalistes étrangers insinuent lorsqu'ils parlent de la révolution syrienne. Lorsque la révolution sera terminée, nous laisserons nos armes à l'armée et nous rentrerons chez nous ; mon ami et moi, nous reprendrons nos études à l'université.

C'est avec Abou Bakri et deux de ses hommes que nous avons gagné la ligne de front, la « 10ème rue ». Il a fallu traverser quelques carrefours transformés en champs de tir par les snipers du gouvernement, pour finalement aboutir dans la rue Hamdanieh.

Les combattants des deux camps s'y affrontent, face à face, séparés par une quinzaine de mètres à peine, la largeur de la rue. On tire depuis les fenêtres, depuis les trottoirs. Le seul moyen de faire reculer l'adversaire est de prendre immeuble après immeuble, qu'il reconquerra le lendemain.

J'ai accompagné un petit peloton de soldats dans ces combats de rue, cette guérilla urbaine. J'ai ressenti avec eux la peur d'être frappé par la balle d'un tireur embusqué. J'ai vu le courage qu'il faut avoir pour se découvrir et courir à l'assaut de la position ennemie. J'ai compris l'effroi de celui qui se retrouve plaqué au sol et, blessé, regarde couler son propre sang, incapable de se relever tout seul…

« *Tu as pris de grands risques, aujourd'hui* », m'a reproché Domenico. « *Et pourquoi ? Ce n'est pas notre guerre. Ici, n'oublie pas que nous sommes des intrus.* »

Pour cette fois, je n'étais pas d'accord avec lui. Oui, c'est aussi ma guerre. C'est ma guerre de citoyen du monde, à chaque fois que la justice et la vérité sont contestées et qu'on torture des gens pour les faire taire. C'est ma guerre de Chrétien, de témoigner de la misère des humbles. C'est enfin ma guerre d'homme, de ne pas rester indifférent à ce qui se passe derrière une frontière, parce que, au-delà de la frontière, ce sont aussi des hommes qui vivent et souffrent.

Avec ses moyens militaires, le gouvernement du président Bashar al-Assad pourrait raser la ville en quelques heures seulement. Il hésite cependant, car, après un tel acte, qu'adviendrait-il de l'État ?

Mais la peine est immense ; le supplice est cruel ; et le combat, inégal.

Ma tâche est terminée. J'ai témoigné de mon mieux, pendant six jours, de la réalité journalière de la bataille d'Alep ; de ce quotidien qui accompagnera les habitants de la ville pendant de longues semaines encore, pendant des mois peut-être ; du courage et de l'abnégation des médecins de l'hôpital Dar al-Shifaa et de la souffrance de ses salles d'opération ; de la douleur de la guerre urbaine ; de l'indécence de la guerre, et plus encore lorsqu'elle est organisée par un gouvernement contre son peuple.

Je quitterai donc Alep, demain. Les médecins le regrettent. Je le lis bien sur leur visage. Ils voudraient que nous restions, que nous ne les laissions pas seuls, que nous continuions à témoigner. Nous étions un lien avec le monde. Ils avaient ainsi l'impression de ne pas être isolés dans leur Enfer, dont la porte va se refermer derrière nous. Ils nous souhaitent bon voyage, que notre route, que nous parcourrons en une traite jusqu'à la frontière turque, soit sans danger. Moi, je pense déjà à ma campagne et au confort de ma maison.

Il reste certes quelques formalités : retrouver notre passeur ou tenter de nous présenter à un poste de la frontière turque ; mais les Turcs ne laissent pas rentrer les journalistes sortis sans recevoir le tampon de la douane, pas sans leur infliger préalablement quelques désagréments : quelques heures ou quelques jours de prison, et une amende de sept cents euros. Je trouve ce comportement parfaitement ignoble, à l'égard de ceux qui risquent leur vie pour témoigner du malheur du monde.

Demain, les chars d'assaut qui montent de Damas et d'Idlib seront ici. Depuis le début de la nuit, les bombardements ont repris avec intensité…

J'ai le sentiment d'abandonner des amis. Je pense à Reda et à Ahmed. Au commandant de Salaheddine. À Abdul Rahman. Je pense à Manhal, à Nori de Hama, à ceux de Tal-Biseh que j'avais rencontrés en mai…

Je pourrais rester ; je devrais rester…

Ce matin du 3 août, je suis réveillé par des explosions toutes proches. Domenico entre soudainement dans ma chambre, catastrophé : « *Il faut partir ! Les soldats sont à trois cents mètres de l'hôpital ! À deux rues d'ici !* »

Nous descendons au rez-de-chaussée et sortons dans la rue : les miliciens de l'ASL sont en embuscade, mitrailleuses tournées vers l'ennemi ; c'est le silence de l'attente angoissante.

Alors que nous quittons Alep et que je monte dans une ambulance qui évacue des blessés vers la Turquie, Abdul Rhaman et moi, nous nous disons adieu.

Ainsi furent ses derniers mots : « *Les Arabes disent : les montagnes ne vont pas les unes vers les autres ; mais les hommes ont été créés pour se rencontrer.* »

VII. Dieu et la Liberté

Alep (16 août 2012) – « *Pourquoi y retournes-tu ?* » Cette question, parents, amis, journalistes, ils me l'ont tous posée, depuis quelques jours… Depuis que j'ai pris la décision de revenir sur mes pas, de reprendre la route d'Alep, de rejoindre l'hôpital Dar al-Shifaa du quartier de Tarik al-Bab, et les rebelles, avec lesquels j'avais passé la fin de juillet et le début de ce mois d'août, et de replonger dans l'épouvante et la misère de la guerre. « *N'as-tu pas eu ton compte d'horreur ?* »

J'y retourne pour continuer de témoigner, pour contribuer à rouvrir au lecteur la porte de l'Enfer que j'avais déserté, ce matin-là du 3 août, lorsque, réveillé par le bombardement qui se rapprochait de l'hôpital, j'avais appris que les soldats du régime avaient réussi une percée éclair et se trouvaient alors à deux rues de notre position. Cette porte que Domenico et moi nous avions refermée en montant dans l'ambulance qui évacuait les blessés vers la Turquie, en abandonnant les médecins de Dar al-Shifaa, mon ami Abdul Rhaman, et tous ceux qui se débattent dans les griffes de la dictature baathiste.

J'y retourne pour ne pas laisser en paix les gens qui dorent sur les plages ou, détournés des grand-messes footballistiques pour quinze jours, se sont exaltés de telle ou telle médaille d'or et négligent les hommes et les femmes qui endurent l'effroi de la guerre, incapables de protéger leurs petits enfants des bombes que de bruyants engins de métal larguent du ciel meurtrier. Indécence du marketing olympique, du profit que génèrent les jeux, qu'on n'aura pas interrompus quand tout un peuple hurle de douleur à quelques encablures de l'Union européenne. Pas même une symbolique minute de silence ne leur a été accordée.

J'y retourne parce que, rentré en Belgique, je me suis senti offensé par l'indifférence qui nimbe le drame syrien ; alors, peut-être, la réalité humaine et les visages que j'en rapporterai susciteront-ils quelque compassion, un peu d'empathie.

Les démocraties occidentales, dont nous sommes, n'ont de cesse de se gargariser d'intentions, mais la révolution orpheline se dépêtre, seule, dans son propre sang.

Alors, j'y retourne surtout pour moi-même, pour être toujours avec ceux qui souffrent, pour retrouver mes amis d'Alep, et pour ne plus les abandonner, même si je sais bien que je devrai les quitter à nouveau.

Quand j'ai annoncé à Domenico que je repartais pour Alep, il n'a pas hésité. Même si son rédacteur en chef n'était pas vraiment emballé. Nous sommes donc à nouveau ensemble, pour porter ce témoignage. J'ai également appelé un autre ami, Eduardo Ramos Chalen, photographe, pour qu'il ouvre lui aussi les yeux du monde ; son art peut parfois, en l'espace d'un instant, saisir la vérité bien mieux que ne le sauraient faire des mots tracés d'encre sur le papier.

Ce matin, à l'aube, nous avons passé la frontière turque, désormais ouverte. À pied, nous avons traversé le no man's land qui sépare le poste frontière turc de la douane syrienne, aujourd'hui aux mains de l'ASL.

Les policiers turcs nous ont ouvert la barrière, derrière laquelle se pressait un flot de réfugiés, arrivés là en camionnette, en autobus, en tracteur et remorque, en voiture, des familles entières, une myriade d'enfants, qui avaient passé la nuit sur des cartons et des couvertures étendues à même le tarmac, en attendant de pouvoir accéder au camp de Kilis, déjà surpeuplé.

Au poste frontière syrien, on a tamponné nos passeports du sceau de la nouvelles Syrie ; et, lorsque nous avons franchi la frontière, au sol, à côté de l'arc aux couleurs du parti Baath qui enjambe la route, était déposé un large panneau rectangulaire, flambant neuf, prêt pour recouvrir le précédent : « *Free Syria* » et le drapeau aux trois étoiles. La Syrie libre s'organise et essaie de se faire reconnaître. J'ai pensé : le Conseil national de Transition libyen n'a pas dû se donner tout ce mal…

Nous avions prévu de gagner Alep d'une traite avec une voiture du commandement de l'ASL que j'avais recontacté deux jours auparavant. Mais, hier, la ville frontalière d'Azaz a été bombardée, et nous avons demandé de pouvoir nous y arrêter.

Tout le centre ville est détruit. Des malheureux, qui ont tout perdu, cherchent à récupérer quelques effets, qui un matelas, qui des vêtements ou des ustensiles de cuisine, un meuble, qu'ils chargent sur une charrette… Hier, dans l'après-midi, un peu après 15h00, un Mig a lancé trois projectiles ; un seul a suffi à raser plusieurs pâtés de maisons qui se sont effondrées sur leurs habitants. « *Des femmes et des enfants* », nous explique-t-on. « *Qui vouliez-vous qui se trouvât à la maison au milieu de l'après-midi, sinon les femmes qui préparaient le repas pour le Ramadan ?* »

Nous sommes à peine arrivés sur les lieux que des cris se font entendre ; une petite troupe se rassemble autour d'une maison en ruines, suivie par une grappe de journalistes agglutinés, sortis d'une camionnette qui fera l'aller-retour depuis la Turquie –l'un d'eux est casqué et porte un gilet pare-balles…

On vient de découvrir le corps d'une fillette de cinq ou six ans. Ce qu'il en reste du moins. Même si elle n'est morte que depuis quelques heures, il fait chaud et l'odeur est déjà forte ; c'est ainsi qu'on repère les cadavres ensevelis sous les décombres. Quelques hommes sortent une première partie du corps : un bras calciné apparaît, encore attaché à une masse de chair en bouillie ; la tête pend ; du moins, je crois que ce devait être sa tête. Sa mère est présente, effondrée, comme folle… Le reste suivra, par petits bouts de chair, que les fouilleurs détacheront un à un des gravats colorés de sang ; ils les déposeront dans une couverture, par petites poignées. Avant de poursuivre leur effroyable besogne dans la rue voisine.

Il est encore impossible de déterminer le nombre des morts. Plus d'une centaine ; c'est ce que nous ont dit plusieurs des habitants du quartier ; 138, selon l'un d'eux. Mais il reste encore des corps sous les étages de béton écroulés. Et des morceaux de cadavres n'ont pas encore été identifiés.

Hasard surprenant de la journée, nous rencontrons Ibrahim, dit « Mario », un homme de septante et un ans, qui nous aborde dans un parfait italien. Il est de père syrien, mais de mère sicilienne, de Tripoli, en Libye, ancienne colonie italienne. Il a assisté, hier, au bombardement du quartier :

- *Je dormais, à plusieurs rues d'ici, lorsque j'ai été réveillé par l'explosion ; les vitres de la maison se sont brisées. Je suis sorti sur le balcon et j'ai vu des gens qui courraient en hurlant, en direction du lieu de l'impact. J'ai pris la voiture. Il y avait des personnes qui tiraient des ruines les blessés et les morts, dans un nuage de fumée et de poussière. On sortait des corps coupés en deux. Toutes les maisons étaient tombées. Puis, après quelques minutes, le Mig est réapparu dans le ciel et a tiré un deuxième missile ; deux heures après, il est revenu et en a tiré un troisième. Ces deux-là sont tombés sur l'est de la ville ; et ils ont tué d'autres personnes. Il y a eu beaucoup de blessés aussi ; environ trois cents : une quarantaine a été évacuée en Turquie ; les autres sont soignés par leurs parents, ici, à Azaz.*

Les morceaux de corps qui ont été sortis des ruines ont été rassemblés dans des draps et transportés à côté de l'hôpital d'Azaz. Les familles qui recherchent encore leurs proches s'y rendent pour essayer de récupérer des parties de ces corps. Mais, depuis la reprise de la contre-offensive du gouvernement contre les quartiers rebelles d'Alep, beaucoup de réfugiés sont arrivés à Azaz ; personne ne les connaît et personne ne réclamera ces dépouilles.

Dès la nuit venue, à cause des fortes chaleurs d'août, auxquelles s'ajoutait l'état des corps extirpés des décombres, les morts ont été ensevelis, dans un champ réquisitionné par l'ASL.

Azaz avait été l'une des premières villes à s'insurger et à répondre à l'assassinat des adolescents de Deraa, qui avait déclenché les premières manifestations du Printemps syrien :

- *Le 20 mai 2011, nous sommes sortis à six dans la rue*, se souvient Ahmed Sameh, un des leaders de la contestation à Azaz. *Après quelques dizaines de minutes seulement, nous étions des milliers. Nous ne demandions rien de plus que de pouvoir vivre et nous n'avons rien crié d'autre que « Allah akbar ! Hurieh ! ».*

- *« Dio è grande e vogliamo la Libertà »* (*« Dieu est grand et nous voulons la Liberté »*), nous traduit Mario.

- *Nous avons pris possession des bureaux de l'administration communale*, poursuit Ahmed, *et les pro-Bashar se sont retranchés dans les bâtiments du syndicat des agriculteurs, là où ils avaient entreposé des armes. Et le gouvernement a payé des Shabihas pour les aider. C'est alors que nous avons pris les armes, et nous les avons assiégés pendant cinquante jours. Ils ont répliqué en nous envoyant les chars. Au début de juillet, quarante-deux chars ont pris position entre les oliviers, à l'entrée de la ville, et ils ont commencé à nous bombarder ; la ville en conserve partout les stigmates. Mais nous avons réussi à en détruire vingt-quatre. Avec des roquettes. Mais, comme nous n'en avions pas assez, nous avons fabriqué des sortes de mines, avec des tubes en acier remplis d'explosifs, que nous avons enterrés en quinconce le long des chemins. Quand un char passait au-dessus, on les faisait exploser en les mettant à feu avec une batterie de mobylette.*

- *Voilà. C'est ce que nous fait Bashar al-Assad*, a conclu Mario. *Et vous, qu'est-ce que vous faites pour le chasser ? Hein ? L'Europe et les États-Unis veulent qu'il reste au pouvoir.*

- *Mais pourquoi ont-ils bombardé ce quartier, hier ?*, lui ai-je demandé. *Il abritait un centre de l'ASL ?*

- *Non, pas du tout,* m'a-t-il répondu. *La caserne de l'ASL, vous l'avez vue ; on est passé devant tout à l'heure. Ils ont fait ça pour épouvanter la population, pour nous faire peur ; ils croient que ça va continuer comme avant, comme toujours dans ce pays, et qu'on va se laisser effrayer. Mais ça ne marchera plus comme ça ; c'est fini, ça.*

En début d'après-midi, nous avons quitté Azaz et gagné l'hôpital Dar al-Shifaa, à Alep, dans une voiture de l'ASL.

Sans que je m'y fusse attendu, quelques notes de la *Lettre à Élise* s'échappèrent de l'autoradio ; légères et tendres, elles offraient à l'instant une dimension plus tragique encore, tandis que défilaient derrière la vitre les paysages arides et superbes de la campagne syrienne ; au loin, quelques bédouins, comme sortis du fond des âges, comme étrangers aux événements, faisaient paître leurs troupeaux de moutons. Il y avait quelque chose d'un peu surréaliste et de terrible à la fois, d'écouter ainsi Beethoven en traversant la Syrie en guerre…

Nous avons marqué un arrêt, comme lors de notre précédent séjour, dans le centre du Commandement de l'ASL de la région d'Alep, où j'avais interviewé le colonel Abdel Jabbar al-Okaïdi. En sous-sol, je découvre une vaste salle : une dizaine d'ordinateurs Toshiba, neufs, des connexions satellitaires, et le studio depuis lequel le colonel enregistre ses communiqués de presse. Un fusil à lunette aussi, une des rares armes que l'ASL a pu se procurer à l'étranger.

Alep, enfin. La ville a beaucoup souffert depuis notre départ. Dès notre entrée dans la banlieue, nous avons constaté les importants dégâts causés par les bombardements de ces derniers jours. L'hôpital lui-même a été frappé par les tirs d'un hélicoptère qui l'a délibérément pris pour cible ; tout un côté est éventré.

L'ASL est maintenant confrontée à des forces qui la dépassent : cinquante mille soldats du régime circonscrivent la capitale du nord ; selon un contact dans les renseignements militaires italiens, ils s'organiseraient en quatorze divisions d'infanterie et de blindés mobilisées autour d'Alep, dont seulement quatre ont été engagées jusqu'à présent. Or, le quartier de Salaheddine, à l'extrême ouest de la ville, et une partie de celui de Saïf al-Daoula, qui le jouxte, ont déjà été conquis par l'armée régulière ; et l'ASL n'y est plus présente qu'en quelques poches assiégées. Le régime pourrait déclencher l'invasion d'Alep dans les prochains jours.

Domenico me rappelle le risque qu'il y aurait à se faire enfermer dans la ville et à se faire prendre par l'armée régulière. « *Surtout pour toi, après ce qu'ils t'ont fait en mai ; n'oublie pas que ce n'est pas comme en Libye, ici : en Libye, Kadhafi était rejeté par une grande partie de la Communauté internationale qui reconnaissait un autre gouvernement, mais, ici, l'État est encore reconnu par tout le monde, les révolutionnaires ne sont que des rebelles, que presque personne ne supporte ; alors, s'ils te reprennent, et sans visa cette fois, il te demanderont ce que tu fais là, avec les 'terroristes'...* »

Il y a aussi le fait que, à présent, l'artillerie du gouvernement tire des obus de 75. Les immeubles s'écroulent sous un seul tir. Et l'aviation bombarde sans discernement. La plupart des journalistes ont quitté la ville et nous nous demandons s'il est bien sensé d'y rester nous-mêmes. D'autant plus que l'hôpital est devenu une cible désignée.

« *Mais qu'est-ce qui ne va pas, avec nous ? Pourquoi refusez-vous de nous aider ?* », m'a demandé ce soir mon ami Abdul Rhaman, que j'ai retrouvé avec émotion. « *Nous vous réclamons si peu ; quelques armes ; quelques armes seulement, pour que la dictature ne nous détruise pas. Vous en aviez donné tellement aux Libyens ; vous aviez envoyé vos bateaux et vos avions. Et pour nous ? Rien ? Pourquoi ?* »

J'ai voulu lui expliquer. J'ai pensé m'en abstenir. À quoi bon épiloguer et entretenir le désespoir ?

Mais j'ai parlé. Je lui ai dit les rapports étroits que le régime a commencé d'entretenir avec Washington depuis qu'ils se sont trouvés un ennemi commun, après les attentats du 11 septembre. Je lui ai parlé des détenus de Guantanamo, déportés en Syrie pour y être efficacement « interrogés ». Je lui ai dit aussi l'intérêt de plusieurs gouvernements d'Europe pour le gaz et le pétrole russe, toute une politique énergétique qui ne s'accommoderait pas d'un bras de fer avec Moscou, l'allié privilégié de Bashar al-Assad. J'ai évoqué l'alliance objective qui lie Tel-Aviv et Damas : si le verbe est haut, si les discours maudissent Israël, les actes sont tout différents et ce sont les services de la sécurité syrienne eux-mêmes qui garantissent à l'État hébreux une paix royale sur la frontière du Golan : en quarante ans de baathisme, pas un des six cents mille Palestiniens réfugiés en Syrie n'a pu s'infiltrer en Israël pour y porter le fer de la résistance. Et Hafez, le père, n'avait-il pas même préféré ouvrir le feu, avec les soldats israéliens, sur les combattants palestiniens ?

Et dire que je croyais lui apprendre quelque chose. Prétention. Il savait déjà tout cela. Qui, en Syrie, n'en a-t-il pas parfaitement conscience ? Mais, ce qu'ils ne comprennent pas, c'est l'insouciance des opinions publiques occidentales par rapport à la tragédie syrienne ; personne ne manifeste pour exiger la fin de la répression ; personne ne proteste, pas vraiment. La Syrie, ça n'intéresse pas.

Eduardo filme sans arrêt et photographie. Il a mal supporté l'épisode du corps martyrisé de la petite fille, ce matin, à Azaz ; il ne voulait plus faire ce sale boulot. Je l'ai poussé à y retourner et à tout prendre avec sa caméra : ce n'est pas un sale boulot, tant qu'on ne se réjouit pas de ce genre d'événement qui permet d'obtenir un « scoop » ou de « faire de bonnes images » ; c'est simplement montrer au monde ce qui se passe et le mettre en face de ses responsabilités, que tout homme civilisé doit prendre en compte vis-à-vis de ses frères humains.

« *Mais il faut être prudent*, lui ai-je dit, *quand tu filmes les visages. Même si c'est avec l'accord des protagonistes. Parce qu'ils sont seuls. Tu l'as compris. Et, cette révolution, ils ne vont pas la gagner...* »

VIII. Syrie, ils crient ton nom

Alep (17 août 2012) – Hier, nous avons dû quitter Alep, à peine y étions-nous entrés.

Le quartier de Tarik al-Bab, où j'avais déjà établi ma base en juillet, est désormais bombardé par l'armée régulière, qui a repris sa contre-offensive visant à enrayer le front ouvert par les rebelles depuis le 20 juillet. Elle investit progressivement par l'ouest les zones insurgées qui couvraient la moitié sud-est de la ville.

Privée d'aide militaire par les démocraties occidentales qui ont jusqu'ici empêché les rebelles de s'approvisionner en arme, la révolution ne peut pas arrêter la machine de guerre du régime al-Assad, soutenu par la Russie.

La stratégie de l'armée gouvernementale est de compartimenter les quartiers tenus par l'ASL en occupant les artères principales qui les délimitent, sans se risquer à systématiquement combattre dans les rues secondaires. De cette manière, les quartiers isolés ne peuvent plus recevoir de renforts, ni en hommes, ni en matériel. Ils font alors l'objet de pilonnages nourris de l'artillerie et de l'aviation, qui précèdent les assauts des chars et de l'infanterie massivement mobilisés à Alep depuis le 4 août.

Cette stratégie porte ses fruits et la situation se dégrade de jour en jour pour les rebelles. Le quartier symbolique de Salaheddine, qui se trouvait en première ligne, au sud-ouest, a ainsi cédé, suivi du quartier de Saïf al-Daoula, déjà à moitié conquis. Depuis deux jours, l'armée a dès lors lancé des attaques contre les quartiers de l'est, dans le but de prendre la rébellion dans un mouvement en tenaille. C'est dans cet objectif que le quartier de Tarik al-Bab, le plus oriental, a fait l'objet de nombreux tirs d'artillerie, alors que, fin juillet, il était encore relativement épargné ; l'hôpital Dar al-Shifaa, qui m'avait hébergé, a été ciblé : un hélicoptère l'a frappé de plusieurs tirs de roquettes qui ont rendu inutilisables les troisième, quatrième et cinquième étages. Hier soir, alors que nous pensions y passer la nuit, le bombardement est devenu si intense que les médecins nous ont enjoints de quitter l'endroit tant que la route demeurait ouverte.

Les rebelles, en effet, depuis le début de la contre-offensive, contrôlent un couloir qui permet d'entrer et de sortir de la ville par le nord-est et de gagner Tarik al-Bab. Or, le plan de l'armée régulière prévoit aussi d'achever l'encerclement d'Alep, en coupant cette voie d'accès. Les hélicoptères tournent dès lors en permanence au-dessus de la campagne et il devient de plus en plus compliqué de passer, même en empruntant les chemins à travers champs.

Nous en avons eu un exemple hier, lorsque nous regagnions la villa dans laquelle s'est installé le Conseil militaire de l'ASL d'Alep, dans un village situé à quelques kilomètres au nord de la ville : alors que les deux automobiles qui formaient notre escorte quittaient Alep, nous avons été pris en chasse par un hélicoptère. Il n'était à vrai dire pas prudent de rouler ainsi en convoi.

La tension était extrême. De la part de nos chauffeurs, pourtant tous deux soldats de l'ASL, elle était proche de l'état de panique, et nous nous préparions à sauter hors de la voiture en cas de tirs. Je me souviens des corps déchiquetés par les shrapnels des tirs de roquettes ; je les avais vus défiler à l'hôpital en juillet. Mais nous avons eu beaucoup de chance : les véhicules se sont séparés à un embranchement et l'hélicoptère a rebroussé chemin, se retournant sur Alep.

Nous avons donc passé la soirée et la nuit en compagnie de l'équipe du Conseil militaire d'Alep.

Une vingtaine d'hommes ont transformé la villa en caserne. Mais on y vit dans la convivialité. Chacun dort là où il trouve un matelas : « *Il n'y a pas de règle ; le premier couché est celui qui dormira* ». Le soir venu, une grande table est dressée sur la terrasse du jardin ; tous s'y assoient et nous partageons avec eux les plats qui y sont apportés.

J'ai saisi l'opportunité de m'entretenir longuement avec un des responsables du Conseil : leur chef, le Colonel Abdel Jabbar al-

Okaïdi, que j'avais rencontré en juillet, étant absent, je me suis tourné vers le Commandant Abderaouf Kraym, politologue, dans le civil, et directeur financier du Conseil ; l'occasion d'essayer d'en savoir un peu plus sur l'organisation de l'ASL et quelques sujets sensibles.

J'ai commencé par lui demander de m'expliquer la structure du Conseil militaire d'Alep…

- *Au début de la révolution, il n'y avait que des manifestations pacifiques. C'est quand le régime a voulu y mettre fin par la violence que des groupes ont commencé à s'organiser dans les quartiers et les villages, pour se défendre. D'abord avec des bâtons et des armes blanches. Ensuite, en cherchant des armes à feu. Ces groupes d'activistes ont récolté de l'argent, pour acheter du matériel, pour faire connaître leurs revendications. Ils se sont de mieux en mieux organisés. D'autre part, ils se sont de mieux en mieux armés, en prenant des armes à l'armée régulière. Ils se sont choisis des chefs ; certains se sont rencontrés et coordonnés. Et ils ont contacté l'ASL, composée de déserteurs, qui commençait à se développer, sous l'autorité du colonel Riad al-Asaad, son fondateur. On a aussi appelé des militaires à nous rejoindre. Certains l'ont fait.*

C'est à ce moment-là qu'il est devenu nécessaire de créer un Conseil militaire pour la région d'Alep. Il est constitué de quatre commissions : la commission financière, celle de l'armement, la commission des relations extérieures, qui représente le Conseil dans les conférences internationales, comme celle des « Amis de la Syrie », et la commission politique, qui rédige des rapports sur les réactions internationales à la révolution, pour informer le Conseil, et rédige aussi des articles pour informer l'étranger de nos actions. Les trois premières sont composées uniquement de militaires, élus par les militaires. La commission politique est élue uniquement par des civils, qui ont intégré les groupes de combattants. Le Conseil militaire a élu un chef ; à Alep, c'est le Colonel Abdel Jabbar al-Okaïdi.

Tous les Conseils militaires en Syrie fonctionnent à peu près sur le même schéma. Il y en a onze, pour le moment.

- Pour être bien clair, quelle est la place d'un Conseil militaire dans l'organigramme de l'ASL ? Et quels rapports entretenez-vous avec le Colonel Riad al-Asaad, aujourd'hui basé en Turquie ?

- Le Colonel al-Asaad ne représente rien. Il a fondé l'ASL. Soit. Mais il n'est pas crédible. On peut dire qu'il est désormais hors jeu. Le Conseil militaire est souverain pour sa région. Il n'y a rien au-dessus ; mais l'idée qui est actuellement débattue est de créer un Conseil supérieur qui réunirait les chefs de tous les Conseils. Pour le moment, les différents Conseils coordonnent leurs actions lors d'une réunion hebdomadaire, par Skype.

- Et les rapports avec le Haut Conseil militaire, que les généraux déserteurs de l'armée syrienne ont constitué dans le camp d'Apaydin, en Turquie, où ils sont réfugiés ? Son chef, le Général Mustapha Ahmed al-Sheikh, m'avait expliqué que leur but était de coordonner les différents groupes de combattants de la révolution...

- Pareil ! Ils veulent s'octroyer des titres et des honneurs militaires sans faire eux-mêmes de sacrifices. Les gens n'en veulent pas. Les gens n'ont confiance qu'en ceux qu'ils connaissent, et qui se battent avec eux sur le terrain. Toute notre organisation fonctionne sur des rapports de confiance.

- Le Général al-Sheikh m'avait pourtant assuré que près de 60% des groupes de combattants, sur le terrain, avaient accepté de se coordonner sous l'autorité du Haut Conseil...

- C'est comme s'il vous avait dit : « je représente l'opposition ». Cela n'est pas vrai.

- Serait-il indiscret de vous demander si vous recevez des aides financières de l'étranger ? Si non, comment faites-vous pour financer la lutte armée ?

- Nous recevons des dons de l'intérieur, puis aussi de la diaspora syrienne, d'opposants en exil. Et nous avons aussi des bailleurs de fonds arabes et étrangers.

- Vous accepteriez de m'en dire plus concernant les fonds arabes et étrangers ? Le Qatar ? L'Arabie Saoudite ? La France ?

- Non. Cela, c'est secret.

- La Belgique ?

- Non, pas la Belgique.

- La France ?

- De cela, je ne peux pas vous en parler. Mais c'est complexe…

- Sur combien de combattants le Conseil militaire d'Alep peut-il compter ? Et qui sont-ils ? Tous des militaires déserteurs ?

- Dans la région d'Alep, nous représentons plus de quinze mille hommes. Pour 90%, ce sont des civils qui ont pris les armes.

- Sur le terrain des combats, comment se coordonnent-ils ? Vous avez des moyens de communication efficaces ? Si je peux poser la question, à quoi sert la dizaine de PC que j'ai pu voir dans le poste de commandement installé dans le sous-sol ?

- Le Conseil militaire organise les combattants en unités opérationnelles et leur assigne leurs missions. Chaque unité regroupe des personnes issues de quartiers différents, pour assurer la mixité et éviter les réflexes communautaires. Les ordinateurs servent surtout à communiquer avec l'extérieur.

- Mise à part l'ASL, quelles sont les forces qui combattent à Alep ?

- Il existe encore un certain nombre de groupes, dans les quartiers, qui ne font pas partie du Conseil militaire ; ils ne l'ont pas rejoint. Mais nous sommes en pourparlers actifs pour les réunir tous.

- Il y a aussi une organisation puissante, Jabhet al-Nosra, dont j'ai rencontré un des commandants : ils n'ont pas un avis très favorable à l'ASL, dont ils accusent les officiers d'être d'anciens profiteurs du régime…

- Jabhet al-Nosra, ce sont des groupes radicaux, qui veulent un État islamique, et nous ne sommes pas d'accord avec cela.

Même si, pour le moment, nous avons un ennemi commun, et s'il faut rester unis. Mais, en réalité, il y a parmi eux beaucoup de jeunes libéraux, qui ne sont pas non plus d'accord avec ce projet islamiste. Le problème, c'est que les jeunes vont vers les groupes qui ont des armes pour se battre. Or, comme l'Occident refuse de nous aider, nous n'avons pas les moyens de garder nos jeunes...

- On parle aussi de djihadistes, d'al-Qaeda...

- Il y en a de plus en plus. Mais nous n'en voulons pas. Ils s'infiltrent en Syrie pour servir l'agenda d'autres pays. Ici, à Alep, par exemple, un extrémiste est arrivé ; il s'appelle al-Arour et était réfugié en Arabie saoudite. C'est lui qui finance les groupes radicaux. C'est un problème pour nous. Et la population a peur de ces groupes fanatiques ; ils sont dangereux. C'est pour cela qu'il faut nous aider ; pour que nous soyons assez forts pour créer un État de droit, laïc et démocratique. C'est cela que veulent les Syriens : si vous regardez les Syriens, vous constaterez qu'ils vivent comme en Europe ; ils sont finalement assez proches de l'Occident. À Alep, en particulier, la révolution a été commencée par des gens de la bourgeoisie, des avocats, des professeurs, des hommes d'affaires, qui n'ont rien à voir avec les islamistes. Vous l'avez vu vous-mêmes : tous les jeunes qui se battent n'ont aucun rapport avec les islamistes. Mais l'Occident ne nous aide pas et, plus le temps passe, plus ces islamistes s'infiltrent et gagnent du terrain. C'est l'Occident qui, par son absence, a laissé ces groupes islamistes s'installer dans notre pays.

- Mais pourquoi, selon vous, l'Occident ne vous aide-t-il pas ?

- Je constate d'abord que les peuples d'Occident ne sont pas solidaires avec notre révolution : ils ne sortent pas manifester pour pousser leurs gouvernements à nous aider. Mais, surtout, l'Occident voudrait imposer ses conditions à la révolution, ce que nous n'acceptons pas. L'Occident reste bloqué sur l'agenda de Condoliza Rice, sur cette idée d'un nouvel ordre mondial, dans lequel les pays arabes n'ont pas le droit d'être réellement indépendants. Donc, il préfère des États arabes sous la dictature à des États arabes démocratiques. Les dictatures

sont plus malléables ; cela fait des années que Bashar al-Assad s'aligne progressivement sur l'agenda occidental. Et puis, il y a des accords entre les États-Unis et Bashar al-Assad, concernant la sécurité d'Israël. C'est pour toutes ces raisons que l'Occident nous interdit de nous procurer des armes antichars et anti-aériennes.

- Plus précisément, quels pays s'y opposent-ils ? De quelle façon ?

- Trois pays principalement : les États-Unis, la Grande-Bretagne et la France. Peut-être aussi l'Allemagne, mais nous n'en sommes pas sûrs. Nous avions décidé d'acheter des armes, à des pays du Golfe qui nous supportent, mais ces trois États occidentaux ont fait pression sur la Turquie et la Jordanie pour qu'elles empêchent les armes d'entrer en Syrie par leurs frontières. Nous n'avons pu obtenir que quelques caisses de roquettes antichars et des fusils ; c'est tout. Ces pays entretiennent des rapports positifs avec Bashar al-Assad ; c'est pour cela qu'ils ne supportent pas la révolution. Les États-Unis nous avaient fait des promesses de laisser entrer des armes lourdes ; mais rien de concret n'a suivi.

J'ai rencontré Kofi Annan ; je lui ai dit que, si l'Occident n'impose pas des « free zones » dans certaines régions de la Syrie, il contribuerait aux crimes du régime. En refusant de nous laisser acheter des armes, les Etats-Unis, la France et la Grande-Bretagne contribuent déjà aux crimes du régime.

Le Commandant Kraym m'a donné quelques nouvelles du jeune commandant de Jabhet al-Nosra que j'avais rencontré en juillet à Salaheddine, Abou Bakri : il a été blessé à l'épaule et à la main, mais est sauf et a déjà repris le combat…

La conversation s'est achevée fort tard dans la nuit, tandis que des tirs très proches inquiétaient nos hôtes qui, d'abord plutôt désinvoltes, se sont l'un après l'autre saisis de leur kalachnikov. Étonné d'entendre tirer en rafales si près du QG, alors que la région était parfaitement calme lors de mon premier passage, au début du mois encore, je les ai interrogés. La réponse fut bien vague et fort peu convaincante…

Ce matin, nous sommes bien décidés à retourner dans Alep, même si nous apprenons que l'hôpital Dar al-Shifaa a encore été ciblé cette nuit et a été touché par une roquette.

Alors que nous attendons qu'un transport parte pour Tarik al-Bab, un commandant de groupe se présente au QG : il vient de Salaheddine. Une conversation très animée s'engage avec les membres du Conseil militaire, et nous sommes autorisés à assister à la réunion ; le Commandant Kraym paraît très préoccupé : la situation devient de plus en plus ingérable sur le terrain. Les hommes du commandant n'ont plus de munitions, alors que l'armée régulière est en pleine offensive. Il est venu demander au Conseil militaire de lui en procurer. Mais les réserves sont épuisées. C'est sans solution. La discussion est très vive aussi, à propos de Jabhet al-Nosra ; selon le commandant, les combattants de Jabhet al-Nosra ne collaborent pas avec l'ASL autant qu'ils le devraient. Les mines sont graves.

J'interroge le commandant ; il s'appelle Hossam Sabbagh : pour prendre Salaheddine, l'armée régulière a utilisé des bombes thermiques ; il ne reste pas un immeuble intact ; tout est détruit. L'ASL a donc dû reculer et l'armée gouvernementale a pris la position. Moins de 20% du quartier sont encore tenus par des groupes de l'ASL, isolés dans les ruines.

Le commandant me confirme que l'armée régulière avance maintenant dans le quartier voisin de Saïf al-Daoula : l'ASL n'en tient plus que 25% et recule là aussi ; les combats s'y poursuivent, sans relâche. L'ASL essaie d'y établir un « *mur de résistance* », qui devrait stopper l'avance des troupes d'al-Assad ; mais ce mur devrait supporter un front de deux kilomètres : l'ASL n'a pas assez d'effectifs et comptait sur les combattants de Jabhet al-Nosra. Or, ces derniers auraient décidé de se replier. L'ASL fait donc face seule et ne pourra probablement pas tenir le coup.

- *Nous, nous ne faisons pas de politique ; nous n'avons qu'un seul objectif*, ajoute le commandant Sabbagh *: renverser al-Assad. Après, on fera des élections, et le peuple décidera. Mais, al-Nosra, eux...*

Le commandant ne veut pas trop en dire, mais il semblerait, selon un des ses hommes, que des accrochages seraient survenus entre des combattants de l'ASL et ceux de Jabhet al-Nosra, qui auraient échangé des tirs…

Quelques heures plus tard, c'est le Colonel Abdel Jabbar al-Okaïdi lui-même, le commandant de la bataille d'Alep, qui fait son apparition à la villa, accompagné d'une dizaine d'hommes. L'atmosphère est devenue plus sombre encore. Après avoir devisé avec son état-major, il accepte de me dire quelques mots : la bataille d'Alep est mal engagée ; et il me confirme que les armes font cruellement défaut ; l'ASL subit quotidiennement de lourdes pertes.

- *Colonel, quelle est désormais la situation générale à Alep ?*

- *Le deuxième jour du Ramadan, le Conseil militaire d'Alep avait donné l'ordre à tous les combattants de l'Armée syrienne libre de la région de rejoindre Alep pour libérer la ville. Nous avons connu quarante-huit heures de victoire et nous avons été capables de libérer plus de la moitié d'Alep.*

Le régime a été pris de panique ; il est devenu comme fou et il a décidé de détruire la ville, si nécessaire, pour reprendre le contrôle du nord du pays. Il n'a plus hésité à utiliser des hélicoptères, mais aussi des avions, des Migs-23, pour la première fois dans l'histoire de la révolution. Il a engagé des tanks dans la ville et a essayé plusieurs fois de reprendre certains quartiers libérés, mais ils ont été arrêtés par l'ASL : les tanks manœuvrent très difficilement dans les rues étroites d'Alep ; nous avons donc réussi à en détruire ou à en immobiliser beaucoup. Toutes les attaques ont été arrêtées, et on peut dire que, si l'armée d'al-Assad contrôlait le ciel, l'ASL contrôlait le sol.

Tout le sud-est d'Alep a été soustrait à l'autorité du dictateur, et même une partie du nord, du quartier de Salaheddine au quartier industriel de Sheikh Najjar.

Mais, début août, l'armée régulière a repris l'offensive et utilise maintenant des bombes thermiques qui détruisent des pâtés de maisons entiers ; tous les immeubles s'effondrent. C'est une de ces bombes qui a détruit le centre d'Azaz, il y a quelques jours ; une seule bombe a tué plus de cent personnes.

Le régime a compris que la perte d'Alep et de tout le nord-ouest du pays signifierait sa fin : s'il perd cette bataille, il sera confronté à une insurrection générale ; les autres villes n'auront plus peur de se libérer aussi. Le gouvernement a donc tout à perdre et ne fait plus attention au respect des conventions, ni à la vie des civils : leurs bombes tuent les combattants de l'ASL, mais, évidemment, elles tuent aussi tous les civils qui se trouvent dans le périmètre de l'explosion.

La situation est devenue très difficile. Mais l'ASL continue d'essayer d'aider les gens, de leur donner de la farine et du pain, du gaz, de l'essence ; elle essaie de maintenir l'ordre.

Et elle attaque tous les jours les positions de l'armée d'al-Assad.

- La situation n'est donc plus aussi bonne pour l'ASL qu'elle l'était avant cette nouvelle offensive ?

- Elle est meilleure au contraire ! Nous espérons avancer encore : nous avons encerclé la Citadelle et progressons ainsi vers le centre-ville. Par ailleurs, au sud-est de la ville, nous sommes entrés dans l'aéroport qui est sous le contrôle de l'armée d'al-Assad.

- Pourtant, plusieurs sources disent que l'ASL a perdu le quartier de Salaheddine...

- Nous en contrôlons encore 50%...

- Mais, il y a trois semaines, je m'y trouvais et vous le contrôliez presqu'en totalité ; et, ce matin, un des commandants de l'ASL qui se bat à Salaheddine m'a expliqué que l'ASL ne tient plus que quelques poches, moins de 20%.

- Les combats pour le contrôle de Salaheddine ne sont pas terminés ; les snipers du régime et l'aviation nous empêchent pour le moment de le reprendre complètement, mais nous continuons de nous battre...

- Ce commandant m'a même appris que le quartier voisin de Saïf al-Daouna était aussi envahi par l'armée régulière, alors qu'il était complètement sous votre contrôle fin juillet. Je l'avais traversé à pied sans être en rien inquiété.

- C'est vrai, mais l'ASL a stoppé l'attaque de l'armée d'al-Assad...

- Et comment les choses évoluent-elles de l'autre côté de la ville, dans les quartiers est ? À Tarik al-Bab, notamment, où j'avais passé une semaine fin juillet ? L'hôpital où je logeais a depuis lors été en partie détruit par des attaques d'hélicoptères répétées.

- Nous avons subi des attaques très dures venant du nord de la ville, et aussi à l'est, sur la route de l'aéroport : l'armée d'al-Assad essaie de couper la ligne de défense de l'ASL pour nous prendre en tenaille. Pour le moment, nous avons tenu bon.

- Pourrez-vous tenir encore longtemps ? Quel est votre potentiel en armement, en munitions ? Quelle aide pouvez-vous espérer de l'étranger ? Que se passera-t-il si la bataille devait durer encore des semaines, voire des mois ?

- Le seul armement que nous avons, c'est celui que nous prenons à l'armée d'al-Assad ; c'est l'essentiel de nos armes. Nous n'avons presque rien reçu de l'extérieur. Mais, chaque jour, nous prenons plus d'armes ; nous pouvons donc tenir.

- Plusieurs commandants d'unités, sur le terrain, m'ont dit le contraire, que leurs hommes manquaient de moyens et devaient parfois abandonner des positions faute de munitions.

- Cela peut parfois arriver, mais le Conseil militaire essaie de satisfaire tous les groupes de combattants et de donner des armes à tous.

- Il y a aussi la question des effectifs. Avez-vous beaucoup de pertes ?

- Oui. Nous avons beaucoup de morts ; et encore plus d'hommes blessés. Mais il y en a cent fois plus du côté d'al-Assad !

- *Selon mes renseignements, l'armée régulière a déployé quatorze divisions d'infanterie et de blindés autour d'Alep. Mais elle n'en a encore engagé que quatre. Sans parler de l'aviation. Comment envisagez-vous les prochains jours ?*

- *Nous n'avons pas peur. Mais je ne peux pas vous en dire plus : je ne peux pas vous révéler des secrets militaires.*

- *Donc, si vous êtes en sous-effectifs par rapport aux forces gouvernementales et que les armes manquent, les munitions en tout cas, ne craignez-vous pas le pire lorsque le régime engagera la totalité de son potentiel ?*

- *Je vous l'ai déjà dit : non, nous n'avons pas peur ! Nous avons la volonté et, si le monde continue de ne pas nous aider, s'il le faut, nous nous battrons avec des bâtons et en lançant des pierres !*

Nous attendrons tout l'après-midi durant que la route se libère pour entrer dans Alep…

« *Syrie, nous crions ton nom !* », scandent en chœur les enfants qui manifestent ce soir à Tarik al-Bab, en dépit des bombardements de plus en plus fréquents.

Ils chantent ainsi tous les soirs, dans le silence indifférent d'un monde qui ne les entend pas.

IX. Les mouches

Alep (18 août 2012) – Les bombardements n'ont pas cessé de la nuit. À chaque impact, le sol semblait se dérober sous mes pieds. Il fait maintenant très chaud à Alep et les conditions de vie sont extrêmes à l'hôpital Dar al-Shifaa, complètement désorganisé depuis que plusieurs étages ont été détruits par des roquettes.

La structure a assez bien résisté, mais les plafonds se sont affaissés, des lignes électriques ont été sectionnées et des gravats jonchent les couloirs de l'hôpital dont les vitres se sont brisées. Les ascenseurs sont hors d'usage et une partie du matériel stocké a été détruit.

J'y ai pourtant repris mes quartiers, avec mes deux amis et compagnons de route, Domenico et Eduardo.

Tarik al-Bab est désormais visé par l'artillerie et les hélicoptères, comme toutes les autres zones rebelles. Les tirs se sont intensifiés durant la nuit et se sont rapprochés de l'hôpital, qui constitue une cible privilégiée pour l'armée du régime. La situation est dès lors devenue stressante, car on s'attend à chaque instant à subir de nouvelles frappes ; et la chambre qui nous a été assignée est en façade. J'ai pour ma part préféré dormir sur le sol, dans un couloir de l'étage dévasté, loin des fenêtres et plus à l'abri de l'explosion d'un tir de roquette.

Hier soir, j'ai retrouvé l'équipe de Dar al-Shifaa, dirigée par le docteur Yasser. Ils étaient à la fête de savoir que nous allions rester, pour témoigner. Malheureusement, mon ami Abdul Rhaman a quitté Alep, le temps de mettre sa famille à l'abri dans un camp de réfugiés en Turquie. Il reviendra dans quelques jours, m'a-t-on assuré. Les médecins manquent, en effet : cinq chirurgiens seulement pratiquent encore dans les trois hôpitaux d'Alep situés dans les quartiers maintenant tenus par la révolution. C'est de très loin insuffisant pour faire face à l'arrivée massive de combattants de l'ASL blessés, mais aussi de civils pris dans les bombardements, surtout depuis que l'armée régulière a repris son offensive. Les chirurgiens opèrent nuit et jour, et dorment quelques dizaines de minutes ici et là, dans un fauteuil ou sur une banquette…

Ils appellent des secours d'Europe : des médecins, mais aussi du matériel et des médicaments ; car les réserves qui se trouvaient dans les hôpitaux sont désormais épuisées. Or, la bataille devrait durer plusieurs mois encore, voire davantage.

Je n'ai trouvé le sommeil que tard dans la nuit : les bombardements, si proches, m'ont inquiété ; il suffirait d'une roquette, et –je le redis- j'ai vu trop de corps déchiquetés par ces engins, et vivant encore.

C'est l'appel du muezzin à la prière du matin qui m'a réveillé ; après la prière, les jeunes sont sortis d'une mosquée voisine en frappant des mains et en chantant « *Hurieh, Bashar ! Hurieh !* » (« *Liberté, Bashar ! Liberté !* »).

C'est la désolation qui règne dans les quartiers d'Alep tenus pas la révolution : alors qu'en juillet on pouvait se déplacer à pied et de manière plus ou moins sûre de Tarik al-Bab, à l'est, jusqu'à la ligne de front de Salaheddine, à l'ouest, aucun quartier rebelle n'est plus aujourd'hui épargné par les bombardements. Les attaques de l'armée régulière se font de plus en plus fréquentes et pugnaces, et l'ASL, qui commence à manquer de munition, doit parfois abandonner des positions, faute de pouvoir se battre.

Ahmed, un milicien de l'ASL, m'a raconté comment, il y a deux jours, dans le quartier de Sikari, il est parti à l'assaut d'un immeuble tenu par les soldats d'al-Assad, avec seulement huit cartouches dans le chargeur de sa kalachnikov. Il a dû battre en retraite après avoir tiré tout ce qui lui restait.

C'est comme un leitmotiv dans les échanges que j'ai avec les miliciens : « *l'Occident ne fait rien pour nous ; vos gouvernements nous regardent mourir* », me dit Omar. « *On ne lui demande pourtant pas d'envoyer ses fils se faire tuer pour nous ; tout ce qu'on vous demande, c'est de ne plus aider ce régime assassin et d'arrêter de nous empêcher d'acheter des armes.* » Combien de fois n'ai-je pas entendu ces mêmes propos, depuis que je suis entré à Alep, en juillet déjà ?

Ce qui me fait souvenir de l'anecdote d'hier : le fusil à lunette de fabrication états-unienne que j'avais vu au QG de l'ASL d'Alep m'avait tant intrigué que j'ai finalement posé la question au Colonel al-Okaïdi. D'autant plus que, hier, j'avais constaté que ce fusil avait été accroché à l'un des murs du QG, avec deux clous, comme peut l'être le fusil de chasse du grand-père sur la cheminée de la salle-à-manger (c'est un M60, le fusil de la guerre du Vietnam, avec une lunette Bushnell, estampillé « *property of the US government* »). Les rebelles recevraient-ils, en fin de compte, de l'armement fourni par les États-Unis ?

J'ai fait rire le colonel : c'est un des miliciens de l'équipe qui a acheté ce fusil, à un contrebandier libanais qui avait passé quelques caisses d'armes disparates. L'ennui, c'est qu'il n'a pas trouvé les munitions correspondantes. On l'a donc accroché là. « *Voilà toute l'aide extérieure que nous recevons en armement* », m'a-t-il lancé en s'esclaffant.

Pour tout renfort, les combattants de Saïf al-Daoula, où s'est déplacée la ligne front, n'ont donc reçu ce matin que quelques caisses de kalachnikovs, puisées dans ce qu'il reste des stocks d'armes prises à l'armée régulière après la chute d'Anadan…

Ce qui m'a surpris le plus, en arrivant à Alep, ce sont les nuées de mouches qui y ont fait leur apparition, s'y développent, s'agglutinent sur les vitres des commerces encore ouverts, sur les denrées exposées, agacent les visages des passants et fourmillent sur les tas d'ordures qui, n'étant plus évacuées, s'accumulent dans les rues. On a beau les brûler régulièrement –et les rues d'Alep sont partout enfumées, envahie de cette odeur âcre qui imprègne les vêtements-, ces tas d'immondices grouillent de vermine ; les mouches y pondent et s'y multiplient, transportant partout miasmes et bactéries.

Une autre problématique, c'est celle du pain, qui fait de plus en plus défaut : l'ASL achemine dans la ville des sacs de farine, qu'elle répartit dans les différentes boulangeries. Le pain cuit, tout chaud encore, est vendu à différentes heures de la journée.

Les gens font la file plusieurs heures parfois, pour quelques galettes. Mais, lorsque la farine est épuisée, beaucoup doivent s'en retourner bredouilles. C'est à ce moment-là que des bagarres peuvent survenir. En soirée, lorsqu'il a été annoncé « *Mâfi robes !* » (« *Plus de pain !* »), une boulangerie a été attaquée par une petite troupe en colère ; accusé de cacher de la farine, le boulanger a été pris à partie. Des miliciens de l'ASL sont rapidement intervenus et ont remis bon ordre : le boulanger ne cachait rien ; les pétrins et le cellier étaient vides.

Il est de plus en plus difficile de passer d'un quartier à l'autre : la stratégie de l'armée régulière, qui isole les quartiers rebelles les uns des autres, rend les déplacements très dangereux ; et nous n'avons pas pu arriver à la ligne de front.

Le plus avant que nous avons pu aller, ce fut le quartier de Qadi-Askar, où nous avons assisté à une de ces scènes inhérentes à un état révolutionnaire qui font aujourd'hui de plus en plus polémique dans la presse internationale : trois hommes, des Shabihas, ces hommes de main du régime payés pour terroriser les opposants, étaient à genoux dans la rue, insultés et frappés par une foule hystérique, parmi laquelle se trouvaient des miliciens rebelles. Il était bien évident que les gens étaient sur le point de faire justice eux-mêmes et se préparaient à lyncher les trois Shabihas.

Un commandant de l'ASL est cependant survenu, accompagné de quatre soldats, juchés sur un pick-up armé d'une mitrailleuse. Il a invectivé la foule et les miliciens, qui ont immédiatement obtempéré en dispersant le rassemblement. Le commandant nous a expliqué que des règlements de comptes impliquant des lynchages ou des exécutions sommaires avaient eu lieu. Ils sont le fait, surtout, de mouvements de foule qui veulent se venger des humiliations et des sévices subis depuis des dizaines d'années ; des faits de violences physiques ont même été répertoriés, qui avaient été ordonnés par des chefs de groupes, mais qui ne sont pas membre de l'ASL et proviennent de milieux sociaux peu éduqués, de la campagne d'Alep.

Ce ne sont effectivement pas là les pratiques de l'ASL : pour affirmer leur attachement à une justice légale et aux Droits de l'Homme, les commandants des onze Conseils militaires qui, dans toute la Syrie, chapeautent l'ASL, ont tous prêté serment d'empêcher ces lynchages publics et de respecter la loi et les droits des accusés. Il n'en demeure pas moins qu'il est parfois difficile de contenir une foule en colère…

Lorsque nous sommes rentrés à l'hôpital, en début de soirée, une scène terrible nous attendait (comme toujours) : un tir d'artillerie, tombé sur un immeuble, l'avait fait s'effondrer. Dans les appartements, plusieurs familles rompaient le jeûne. Le moment ne pouvait pas être pire…

Un cortège de véhicules a transporté les corps à Dar al-Shifaa. Des corps écrasés, mutilés. Certains venaient de manger et vomissaient leur repas qui souillait leurs vêtements. Les deux salles d'opération se sont remplies ; les morts et les personnes les moins touchées ont été étendus dans le hall d'entrée. Un petit garçon de cinq ou six ans, en pleurs, complètement désemparé, allait d'un corps à l'autre : son père gisait, mort, la bouche remplie de pain mâché ; son grand frère était mort, lui aussi, la tête écrasée. Le petit garçon s'est avancé vers moi et m'a tendu les bras. Je l'ai pris dans les miens ; il pleurait tout en me posant des questions ; je n'ai pas compris ce qu'il m'a dit.

Il y avait aussi une fillette, du même âge, toute couverte de sang, couchée sur le sol, que les infirmiers tentaient de calmer et de laver. Et une autre, sérieusement blessée, dans une des salles d'opération. Le plus insupportable, ce sont toujours les enfants. Et les cris de douleur de leur mère…

C'est la première guerre que couvre Eduardo. Cette première confrontation directe avec l'horreur fut pour lui un choc très difficile à encaisser. Quant à moi, j'ai déjà souvent dû faire face à ces scènes désespérantes ; mais je mentirais si j'écrivais qu'elles ne m'émeuvent plus. Elles sont toutes différentes et demeurent toujours aussi poignantes ; ce ne sont jamais les mêmes personnes que je vois souffrir. Domenico de même ; il se tenait là, à l'écart, les yeux embués.

J'ai éloigné le petit garçon du corps écrasé de son grand frère ; Eduardo a pris les photos ; je n'ai plus eu à le faire moi-même…

Nous avons acheté quelques olives et les miliciens d'un checkpoint nous ont invités à partager leur pain et du thé. Ce fut un moment de paix, même si, la nuit tombée, les bombardements et les tirs des mitrailleuses des hélicoptères avaient redoublé. Un convoi d'une dizaine de voitures, pick-up et camionnettes est passé devant nous, transportant des miliciens de l'ASL qui allaient renforcer le front autour de la Citadelle, au cri de « *Allah akbar !* » (« *Dieu est grand !* »). Puisque les démocraties occidentales ont abandonné ces gens à leur sort, c'est Dieu, dorénavant, qu'ils appellent au secours.

Demain, nous tenterons de gagner le quartier de Saïf al-Daoula, où les rebelles se sont repliés après la perte du quartier de Salaheddine. Nous essaierons aussi d'approcher le centre ville, où les belligérants s'affrontent tout autour de la Citadelle médiévale qui domine la ville.

Ce soir encore, les bombardements ébranlent Alep. Du toit de l'hôpital, nous observons les balles traçantes et les tirs de roquettes des hélicoptères, les explosions des obus de l'artillerie lourde, qui s'abattent sur la région de l'aéroport, au sud-est, les quartiers qui cernent la Citadelle, au centre, et Saïf al-Daoula, à l'ouest.

Et je me prépare à passer une nouvelle nuit à me demander si le plafond ne s'effondrera pas sur moi…

X. Le bouclier de Dieu

Alep (19 août 2012) – La reprise de l'offensive de l'armée régulière syrienne, au début du mois d'août, et l'usage intensif de l'aviation et de bombes thermiques extrêmement dévastatrices ont contraint les rebelles à abandonner le quartier symbolique de Salaheddine, là où se situait jusqu'alors la principale ligne de front, au sud-ouest de la ville.

Seules demeurent à Salaheddine quelques poches de résistance défendues par l'ASL, dont les combattants se déplacent dans les ruines pour échapper à la traque que leur fait l'armée régulière, tandis que le gros des forces rebelles s'est replié sur le quartier voisin de Saïf al-Daoula, où elles essaient de reconstituer un front et de contenir ainsi l'avancée de l'armée.

C'est sur cette ligne de front, à Saïf al-Daoula, que nous nous sommes rendu aujourd'hui.

De Tarik al-Bab, de l'hôpital Dar al-Shifaa, nous avons traversé toute la moitié sud-est d'Alep, dans une voiture de l'ASL. Force est de constater que, malgré ses tentatives d'isoler les quartiers rebelles les uns des autres, l'armée régulière n'a pas réussi à complètement couper les communications entre les différentes zones sous contrôle de l'ASL.

Arrivés à Saïf al-Daoula, nous retrouvons la katiba Abou Amara, de Jabhet al-Nosra. Son jeune commandant, Abou Bakri, que nous avions rencontré le 2 août dans Salaheddine, n'est pas présent. On l'avait dit blessé ; certains prétendent que non, mais nous n'en saurons pas plus.

Les deux miliciens de l'ASL qui nous ont amenés là nous annoncent qu'ils doivent participer à une embuscade, mais qu'ils seront de retour dans une heure. Nous ne les reverrons pas.

C'est principalement Jabhet al-Nosra qui défend la nouvelle ligne de front de Saïf al-Daoula. Jabhet al-Nosra que les officiers de l'ASL que j'ai rencontrés qualifient d'organisation islamiste, bien que plusieurs de ses leaders s'en défendent et expliquent que, s'il y a dans leurs rangs des djihadistes, c'est-à-dire des combattants étrangers venus soutenir la révolution au nom de l'Islam (Irakiens, Afghans, Tchétchènes, Tunisiens, etc.), ils ne sont que fort peu nombreux. Contrairement à l'ASL, Jabet al-Nosra les accepte, car la révolution a besoin de toutes les bonnes volontés.

De toutes les bonnes volontés ? Mais dans quelles limites ? La question s'est posée lorsque, en fin d'après-midi, alors que nous avions passé la journée avec ces miliciens et pris avec eux de gros risques, la confiance s'étant établie, ils nous ont désigné un groupe d'une dizaine de combattants qui flanquaient leur position comme étant des membres d'al-Qaeda. Plus précisément encore, ils ont reconnu avoir reçu l'émissaire d'al-Qaeda pour le Maghreb islamique, un Algérien. Lorsque je leur ai demandé s'ils collaboraient régulièrement avec ces combattants d'al-Qaeda, ils m'ont répondu par l'affirmative. Mais je n'ai malheureusement pas pu investiguer plus avant : leurs chefs, manifestement, commençaient à s'agacer de mes questions à ce propos et il fut plus prudent de changer de sujet…

Quoi qu'il en soit, cette découverte m'éclaire : les tensions non avouées entre l'ASL et Jabhet al-Nosra que j'avais pu constater s'expliquent mieux à présent.

À notre arrivée à Saïf al-Daoula, j'avais reconnu Alexander, un « djihadiste » russe, chrétien orthodoxe, qui accompagnait Abou Bakri à Salaheddine ; spontanément, nous nous sommes donné l'accolade qui est ici de coutume, nous nous sommes embrassés. Grâce à lui, nous avons immédiatement été intégrés au groupe des combattants.

Je demande l'autorisation de suivre une katiba sur la ligne de front ; mais la situation est ici différente de celle que nous avions connue à Salaheddine, où les rebelles faisaient face à l'armée régulière, séparés par la largeur d'une rue. À Saïf al-Daoula, le front est diffus : les deux camps sont éloignés par un no man's land d'un demi-kilomètre, vidé de ses habitants qui ont préféré fuir. La zone est cela dit infestée de snipers des deux camps, et y progresser est chose des plus dangereuses.

L'armée régulière est donc peu encline à y engager chars ou infanterie ; elle bombarde préalablement le quartier, sans discernement. Et de fait, tandis que nous interrogeons les miliciens, des obus s'abattent ici et là sur le quartier et, à plusieurs reprises, leurs sifflements aériens nous enjoignent à nous mettre à l'abri. De plus, des hélicoptères tournent au-dessus de nos têtes et mitraillent le quartier, quand ils ne lancent pas quelques roquettes qui crèvent les immeubles au hasard de leur chute.

Abou Majed, un jeune professeur d'anglais devenu, le temps d'une révolution, commandant de la katiba Oubâda Ben al-Saâmet de Jahbet al-Nosra, me suggère très aimablement d'attendre : il prépare une mission de commandos pour attaquer une position de l'armée régulière, repérée dans le no man's land. « *C'est ici que le sort de la bataille va se jouer* », affirme-t-il. « *Nous devons arrêter l'armée d'al-Assad ; nous sommes le bouclier de Dieu* ». Il est tout à fait d'accord pour que nous l'accompagnions.

Il nous apparaît bien vite que le péril encouru, si nous saisissons cette opportunité, est immense : au-delà du bombardement régulier de la zone par l'artillerie et les hélicoptères, ce sont les tirs des snipers embusqués que je redoute le plus. Mais l'occasion de suivre cette katiba dans le combat est inespérée, et je décide de courir le risque.

Mes deux amis, qui m'accompagnent depuis le début de ce séjour, sont moins francs : Domenico pense que je fais une erreur ; que les conséquences potentielles ne valent pas la peine au regard de ce que je ramènerais comme informations. Pour lui, la question est tranchée : je suis en train de franchir une ligne rouge. Et sa décision est prise : il m'attendra à l'arrière.

J'en discute avec Eduardo, mon ami photographe. C'est son premier terrain de guerre, et je ne veux pas l'obliger à me suivre. Nous décidons que je prendrai la caméra et que j'irai seul. Il m'explique rapidement comment l'utiliser…

En attendant le départ du commando, Abou Majed me propose d'approcher le bâtiment de la télévision du régime, que les rebelles et l'armée se disputent depuis plusieurs jours. Il se trouve dans le quartier voisin, celui d'Ansari. Eduardo est partant, et nous arpentons les rues désertes, sous les bombardements aveugles, en longeant les façades des immeubles. De la hauteur d'Ansari, nous pouvons voir la Citadelle médiévale. J'ai appris ce matin que trois cents soldats de l'armée régulière s'y sont retranchés, tandis que l'ASL se bat dans les rues périphériques avec des unités de l'armée qui s'y sont déployées…

Nous nous faufilons derrière des murets jusqu'aux abords du bâtiment de la télévision ; nous sommes repérés et quelques tirs de snipers frappent une façade derrière nous. Impossible de quitter notre position sans nous mettre à découvert. Un groupe de combattants, dans la rue perpendiculaire à la nôtre, nous crient de les rejoindre ; il faut traverser la rue, en courant vite. Petit goût de la guerre urbaine qui meurtrit Alep depuis le 20 juillet…

On respire un grand coup, et on fonce. Tout se passe bien. Les gars nous accueillent en chantant ; je les reconnais : ce sont des miliciens de la katiba Amara. Nous nous embrassons franchement.

La scène est cocasse : narguant l'ennemi, au coin de la rue, face au bâtiment de la télévision tenu par l'armée gouvernementale, les miliciens de Jabhet al-Nosra ont installé quatre grands baffles qui diffusent à tue-tête des chansons révolutionnaires…

Le but des révolutionnaires est de faire tomber ces installations qui diffusent la propagande du régime. Ce matin, avant de quitter l'hôpital Dar al-Shifaa, j'ai pris un breakfast avec les médecins ; ils regardaient la télévision d'État. Les programmes étaient hallucinants : un parlementaire a épilogué une demi-heure durant sur la situation du pays, expliquant que tout y était parfaitement calme, que seule Alep était en proie aux attentats de « *terroristes* » qui tuaient les femmes et les enfants… Il a aussi été question de Dar al-Shifaa : les médecins également étaient qualifiés de « terroristes ». Une des autres chaînes officielles passait en boucle un programme de sketchs humoristiques… Une autre montrait des images de différentes villes, où l'on voyait les gens se promener dans les rues, manger des crèmes glacées dans les parcs, faire du shopping dans les grands magasins, tandis que la speakerine assurait que tout était normal en Syrie.

Plusieurs « journalistes » du régime ont été enlevés récemment ; j'en ai parlé avec les miliciens, qui n'en étaient pas émus : « *Ce ne sont pas des journalistes* », m'a répondu l'un d'eux. « *Ce sont des agents du régime ; rien de ce qu'ils disent n'est vrai, comme vous l'avez entendu ; ce sont nos ennemis, peut-être pires que des snipers armés de fusils* ».

Nous rebroussons chemin pour rejoindre le Commandant Abou Majed et son commando. Eduardo a pris de l'assurance : il m'informe qu'il veut nous accompagner.

L'entreprise ne va pas sans un certain stress : le plan est simple ; nous montons avec les miliciens dans un pick-up qui doit les conduire sur le lieu de l'attaque à travers le no man's land et les tirs des snipers ennemis. La méthode, pour les éviter, est de rouler à toute vitesse sur le large boulevard qui traverse Saïf al-Daoula.

Sûr de lui, le jeune commandant prend le volant et lance le pick-up à toute allure sur le tarmac. L'expérience sera de courte durée…

Nous nous enfonçons déjà dans le no man's land lorsque, en matière de snipers, c'est en fait un tir croisé de mitrailleuses qui nous surprend.

D'un coup de volant, le commandant grimpe sur le trottoir en nous donnant l'ordre de quitter le véhicule ; j'ouvre la portière et me laisse rouler en dehors, tandis qu'Eduardo, blessé au bras, s'extirpe tout en continuant de filmer. Nous nous accroupissons pour nous protéger derrière le pick-up, pendant que le commandant défonce la porte d'une habitation, dans laquelle nous nous réfugions avec les miliciens qui ont échappé au mitraillage.

Nous attendons quelques temps avant de rejoindre le véhicule sur un nouvel ordre du commandant qui démarre en trombe, en marche arrière, tandis que les mitrailleuses crachent de plus belle dans notre direction. Pour éviter la carcasse d'une automobile qui barre une partie de la route, le commandant, d'un trop brusque coup de volant, fait réaliser un arc de cercle au pick-up qui s'immobilise, à cheval sur la berme centrale du boulevard. La cible est parfaite, figée au beau milieu du champ de tir.

Le pick-up, capot, aile avant et portières droites criblés de balles, parvient à s'extirper du piège, marche avant, et à regagner l'arrière. C'est un miracle qu'aucun des derniers occupants n'ait été tué.

Ainsi se passe le quotidien de ces miliciens dont l'abnégation face au danger et la détermination à vaincre ne font aucun doute.

Leur répit sera bref : un Mig apparaît dans le ciel. Rapidement, il décrit des cercles au-dessus de notre position. Puis il largue ses bombes. Nous avons eu très peur d'être confrontés à ces bombes thermiques qui ont détruit le centre d'Azaz et le quartier de Salaheddine. Ce n'est heureusement pas le cas et, après plusieurs passages de l'avion, le ciel se dégageant, nous décidons de quitter les lieux et de regagner l'hôpital par nos propres moyens.

Nous arrêtons une camionnette ; je montre la carte de l'hôpital au chauffeur. C'est bon ! Il nous emmène. À toute allure, nous descendons un long boulevard ; sur le côté droit de la chaussée, deux miliciens juchés à l'arrière d'un pick-up équipé d'une mitrailleuse lourde tentent d'atteindre l'avion. La mitrailleuse crache le feu et dégage un nuage de fumée dans un bruit rugissant, tandis que nous nous éloignons. Il est de plus en plus évident que la guerre urbaine que se livrent rebelles et gouvernementaux pourrait perdurer des mois encore, si toutefois la rébellion parvient à se procurer des armes.

Le chauffeur de la camionnette s'arrête en bas du boulevard : il nous indique le chemin, à achever à pied. Nous quittons le véhicule, mais nous ne savons pas exactement où il nous a débarqué. Peut-être en zone tenue par le gouvernement. J'aperçois le bâtiment de la télévision, aux mains de l'armée régulière, à deux cents mètres à peine, à vol d'oiseau. Nous examinons le plan de la ville : tout va bien. Les habitants du quartier nous entourent, amicaux ; ils arrêtent un des derniers taxis qui tournent encore dans Alep, et nous repartons pour Tarik al-Bab.

Après quelques minutes, je me rends compte qu'il nous conduit tout droit vers la Citadelle, vers un checkpoint de l'armée régulière. Il est syrien ; il pourra passer ; pas nous ! J'essaie de lui faire comprendre qu'il doit faire demi-tour, suivre un autre chemin. Domenico, assis à l'arrière, comprend aussi ce qui est en train de se passer. Rien à faire, le chauffeur n'entend rien ; il avance toujours vers la Citadelle et le checkpoint apparaît déjà au bout de la rue… J'empoigne alors le volant et le chauffeur freine ; il s'arrête. Nous lui expliquons, à l'aide du plan, l'itinéraire qu'il doit emprunter. Il comprend enfin… Nous avons eu chaud ; littéralement : de grosses goûtes perlent sur le front de Domenico ; je suis pris d'une sueur froide. Si je m'étais fait remettre la main dessus…

De retour à Tarik al-Bab, Domenico nous annonce sa décision de quitter Alep demain : « *Les rebelles reculent ; il faut craindre de se faire enfermer avec eux dans la ville* ». J'en profiterai pour lui confier ma chronique de la veille et celle de la journée, internet et le téléphone étant coupés à Alep depuis plusieurs jours.

Quant à Eduardo, il s'en tire bien : le docteur Yasser lui enlèvera du coude l'éclat de métal qui l'avait blessé. Et quelques points de suture suffiront à refermer la plaie.

C'est aujourd'hui jour de fête pour les Musulmans : le Ramadan s'est achevé hier. Pourtant, Alep est plongée dans le noir et les rues sont désertes.

En début de nuit, tandis que retentissaient les tirs de l'artillerie à un rythme inhabituellement élevé, plusieurs hélicoptères ont déchiré le silence du ciel d'Alep. Leur vrombissement, devenu si caractéristique à mon oreille, et le roulement de leurs canons mitrailleurs ont brisé la quiétude de ce ciel tout empourpré du soleil couchant.

Je suis monté sur le toit de l'hôpital : de larges panaches de fumée s'étiraient au-delà de la Citadelle, à l'ouest, au-dessus de Saïf al-Daoula, et au sud-est, en direction de l'aéroport. Nous nous interrogeons : ne serait-ce pas là le début de la deuxième étape de la contre-offensive promise par le gouvernement et de l'engagement dans la bataille de toutes les divisions rassemblées autour d'Alep et jusqu'à présent gardées en réserve ?

Quelle sera demain la situation d'Alep, à notre réveil ? Et quelle sera la nôtre ?

XI. Que les anges descendent du ciel

Alep (20 août 2012) – Eduardo frappe à grands coups à la porte de la salle où je me suis endormi. « *Réveille-toi ! Vite ! L'hélicoptère est là, qui est très bas au-dessus du quartier ; il tire sur tout ce qui bouge !* »

Les premières victimes arrivent déjà à l'hôpital Dar al-Shifaa.

Domenico est prêt : il a décidé de quitter la ville avec la première ambulance qui emmènerait des blessés vers la Turquie. Je lui ai confié deux chroniques, et j'espère qu'il pourra les faire rapidement parvenir au journal.

Eduardo et moi lui faisons nos adieux et cherchons des miliciens de l'ASL qui partiraient pour le quartier chrétien de Jdéidé. Il est sous le contrôle des révolutionnaires et constitue la tête de pont de l'ASL dans la vieille ville, au nord-ouest de la Citadelle, c'est-à-dire dans la moitié de la ville tenue par l'armée du régime.

Nous n'attendons pas bien longtemps et quittons Tarik al-Bab en compagnie de deux soldats de l'Armée syrienne libre (en arabe : al-Djeich al-Hor) ; l'un appartient à la katiba Ansar al-Haq ; l'autre, à la katiba Chahid Ahmed Youssef.

Alors que nous traversons Bab al-Hadid, plusieurs explosions retentissent autour du véhicule. En quelques minutes, un hélicoptère a lancé une série de roquettes sur ce quartier sunnite, l'un des plus pauvres de la ville ; c'est un quartier ancien, aux rues étroites. Quatre des roquettes ont touché des habitations. Nous gagnons en courant les lieux des impacts.

Une première roquette est tombée sur le toit d'un petit immeuble, dont l'intérieur s'est effondré : les voisins, venus à l'aide des malheureux piégés sous les décombres, en extraient une femme et ses deux filles ; la plus jeune est gravement blessée, elle a le visage en sang. Une voiture est appelée pour la transporter à l'hôpital ; les hommes s'empressent de dégager la ruelle des débris qui l'encombrent.

Un peu plus loin, c'est une maison qui a été touchée ; elle s'est complètement affaissée. Des hommes creusent les gravats de leurs mains, dans un nuage de ciment pulvérisé, sur fond des tirs de l'hélicoptère qui mitraille à présent le quartier ; scène monotone de la révolution à Alep… Un premier corps est sorti des ruines. Il s'agit d'un homme ; un de ses bras est en lambeaux et il faudra l'amputer. Une deuxième personne est coincée sous une dalle de béton ; elle ne donne plus signe de vie.

Les autres roquettes sont tombées sur des commerces, près de la mosquée ; les dégâts matériels sont là aussi très importants : ces pauvres gens ne possédaient déjà pas grand-chose ; à présent, il ne leur reste rien. Mais il n'y a que des blessés légers : la plupart des boutiques étant fermées du fait du conflit, l'endroit n'était pas très fréquenté.

Les miliciens ne nous ont pas attendus ; ils avaient leur mission à accomplir. Nous nous dirigeons vers un autre groupe de soldats et nous échangeons d'emblée quelques impressions. Huzaïfa, 19 ans, étudiant en première année d'ingénierie mécanique à l'université d'Alep, m'avoue qu'il a un peu peur, maintenant, car la bataille tourne mal en plusieurs endroits de la ville. « *Nous voulons faire tomber tout le régime* », me dit-il. « *Pas seulement le président, mais tous les autres aussi. Sinon, ce sera comme en Égypte : rien ne changera.* » Abou Beshar, 20 ans, qui voudrait devenir imam, ajoute : « *Tous les Syriens seront plus heureux sans Assad ; on se bat pour tous, pour les Chrétiens, pour les Chiites, pour les Sunnites. On vivra bien tranquille sans Assad.* »

Nous poursuivons notre route sous la protection du Commandant Abou Amar. A peine sommes-nous entrés dans son véhicule qu'il me pose la question récurrente : « *Pourquoi ne nous donnez-vous pas d'armes ?* », me lance-t-il sur un ton agressif. « *Vous êtes aussi criminels qu'al-Assad !* »

- *Mais ce n'est pas leur faute*, réplique un des miliciens qui nous accompagne. *Ce sont leurs gouvernements qui soutiennent al-Assad ; pas eux !*

Je sens bien que l'ambiance est tendue ; je m'empresse alors d'expliquer que je suis belge et que notre ministre des Affaires étrangères plaide ouvertement pour une intervention en Syrie, pour aider la population. Mais la Belgique est un petit pays, qui n'a pas les moyens d'agir seul.

À ces mots, le commandant se détend et me sourit ; le milicien qui est assis à côté de moi m'embrasse. On peut dire que la glace est brisée…

Nous approchons de Jdédié, à travers le dédale de ruelles de la vieille ville. Il faut descendre de la voiture et marcher avec prudence : dans cette région, l'ASL ne contrôle qu'un maigre corridor, large de quelques pâtés de maisons seulement. À chaque coin de rue, le commandant, pistolet au point, s'assure que le passage est dégagé. Nous rasons les murs ; la présence d'un sniper embusqué n'est jamais exclue.

Nous accédons ainsi à une petite place, sur laquelle sont rassemblés une trentaine de miliciens. Ils font partie d'une structure indépendante de l'ASL : Liwa al-Towheed (la Brigade de l'Unité). Cette structure, propre à Alep, fondée et commandée par un certain Abdel Kader Saaleh, dont les réseaux et objectifs politiques demeurent obscurs, regroupe un ensemble de katibas révolutionnaires de la région, qui s'étaient spontanément constituées au début des événements. La plupart de leurs combattants sont issus de milieux sociaux défavorisés et très religieux : je rencontre un agriculteur, un cordonnier, et deux maçons, Ahmed et Ziad.

Tout comme Jabhet al-Nosra, présente, quant à elle, sur l'ensemble du territoire syrien, l'autre structure concurrente de l'ASL, Liwa al-Towheed, se définit comme djihadiste. C'est-à-dire, au sens propre, comme faisant la guerre pour Dieu, et ensuite pour la révolution. Ce sont les combattants les plus durs, les plus courageux. « *Ils n'ont pas de marche arrière* », me dit un djihadiste algérien qui les accompagne –Ayache a quitté sa famille pour venir soutenir la révolution syrienne. « *Ils travaillent pour Dieu.* »

Je voudrais comprendre comment interagissent cette organisation et l'ASL. J'avais déjà perçu que, même s'ils collaborent pour lutter contre leur ennemi commun, de vives tensions opposent l'ASL et Jabhet al-Nosra. Hier, en compagnie des katibas de Jabhet al-Nosra, dans le quartier de Saïf al-Daoula, j'avais observé la présence de combattants d'al-Qaeda. Et le fait m'avait été confirmé ce matin, à Dar al-Shifaa, par mon ami Abdul Rhaman, de retour de Turquie où il était allé mettre sa famille à l'abri pour quelques jours et qui a repris son travail à l'hôpital. « *Comme aucune aide ne vient d'Occident, on trouve d'autres alliés ; c'est une guerre sans pitié !* »

Or, arrivent sur la place deux jeunes photographes français, Stephen et Édouard, des free-lance, qui ont pris le risque de traverser la frontière turque, laissant derrière eux la plupart des journalistes qui commentent l'actualité syrienne depuis les camps de réfugiés (ils en plaisanteront d'ailleurs abondamment) : ils sont accompagnés de Rajab, reporter pour le site de presse que l'ASL a tout récemment mis sur pied. Je lui adresse la question qui me préoccupe : il me répond que Liwa al-Towheed, qui regroupe environ huit mille combattants, accepte l'autorité du Conseil militaire d'Alep. « *Ils n'ont pas le choix* », me dit-il. « *Seuls et sans arme, ils ne seraient d'aucune efficacité. D'ailleurs, regarde ! Ils portent le drapeau de l'ASL sur leur veste ; ceux de Jabhet al-Nosra, eux, n'ont pas de drapeau.* »

Un peu plus tard, cependant, j'interroge sur le même propos le commandant de la katiba avec laquelle nous nous trouvons, le Commandant Khatab, instituteur, dans le civil : « *Nous n'avons aucune relation avec le Conseil militaire* », m'affirme-t-il. « *Ce sont des corrompus, d'anciens officiers d'al-Assad. Nous n'obéissons qu'à un seul chef, Abdel Kader.* »

Je le questionne aussi sur les exactions que l'on reproche à Liwa al-Towheed, et, notamment, le lynchage des cinq Shabihas du quartier al-Barry, dont la famille du même nom supportait le régime et qui avait été assiégé fin juillet. « *Nous n'avons exécuté que les cinq chefs* », répond le commandant. « *Et ce n'était que justice ; vous n'avez aucune idée de ce que ces ordures avaient commis comme crimes. Tous les autres ont été arrêtés et seront jugés.* »

Le commandant insiste sur l'honnêteté et la rigueur morale de ses hommes, auxquels les gens d'ici savent pouvoir se fier, car ils craignent de déplaire à Dieu par de mauvaises actions. Il attire mon attention sur le fait que ce quartier chrétien de la vieille ville est celui des bijoutiers. Les maisons sont vides ; tout le monde a fui les combats. Mais aucune des boutiques n'a été pillée ; toutes sont intactes.

Comme toujours, lorsque je rencontre un nouveau groupe, je jette un discret coup d'œil à leur armement. Comme toujours, je trouve des kalachnikovs et quelques lance-roquettes, du matériel russe et chinois, déjà usagé. Mon attention est cette fois attirée par un étrange engin artisanal ; et j'interroge un milicien qui m'explique que, n'ayant pas de grenade, ils en fabriquent en remplissant de poudre des petites bouteilles de soda vides. On en perce le bouchon pour faire passer une mèche. Et on l'enroule dans du papier collant, sous lequel on introduit des boulons. « *C'est dangereux et ce n'est pas très efficace*, me dit-il, *mais nous n'avons rien d'autre*. » Je cherche ainsi encore les armes que certains prétendent avoir été livrées aux rebelles par les services secrets occidentaux, le Qatar et l'Arabie saoudite…

À l'angle de la place, là où aboutit une des rues qui la desservent, une barricade a été montée, parallèle à la rue et un peu en retrait du bâtiment de coin, derrière laquelle deux miliciens en position de tir interdisent l'accès au lieu. L'armée régulière s'est fortifiée un peu plus loin, dans cette même rue, à une quinzaine de mètres, et occupe le toit d'un bâtiment voisin. Cela fait plusieurs jours que ces positions n'ont pas évolué. Les deux camps s'insultent mutuellement et tirent régulièrement quelques rafales, comme pour tromper l'ennui.

Et, comme par jeu, un des rebelles fixe un miroir au bout d'une perche, qu'il tend au-delà de la barricade, dans le but d'observer celle des soldats d'al-Assad. La réaction ne se fait pas attendre : un tir de mitrailleuse disloque sont petit bricolage en d'innombrables morceaux. Il recommencera, suspendant cette fois à la perche un portait du président Bashar al-Assad couvert de graffiti peu flatteurs. Des tirs ont répondu à la provocation, mais ils ne visaient pas le portrait…

Mais le commandant se fâche lorsqu'un de ses hommes ouvre le feu sans raison ; il m'explique qu'ils manquent de munitions, que chacun n'a que deux chargeurs sur lui, et qu'il ne faut pas les gaspiller ainsi.

Survient un milicien rebelle, au coin de la rue perpendiculaire à celle qui aboutit sur la place et qu'il lui faut traverser pour rejoindre ses camarades. L'entreprise semble quasiment impossible, tant l'ennemi est proche et capable d'assurer un feu nourri. Qu'à cela ne tienne : le milicien prend un peu de recul et s'élance, couvert par l'un des tireurs qui, tendant sa kalachnikov par-dessus la barricade et tournant le canon à l'angle du bâtiment qui le protège, décharge son arme en direction des gouvernementaux. L'homme parvient ainsi à traverser, dans un nuage de fumée et entre les ricochets des balles des mitrailleuses qui s'abattent tout autour de lui sur les pavés.

Les « *Allah akbar !* » ne manquent pas de s'élever ensuite et de se répéter, à l'envi.

Non content de ce premier exploit, le jeune homme veut en réaliser un autre : kalachnikov à la main, il entre dans le patio d'un des immeubles qui flanquent la place et, à l'aide d'une échelle, grimpe sur le toit pour mitrailler la barricade ennemie. Mais ce toit est dominé par celui du bâtiment où sont installés les soldats de l'armée régulière. Le résultat ne pouvait être différent : pris sous leurs tirs, il est atteint de plusieurs balles. Deux rebelles monteront eux aussi sur le toit pour récupérer leur ami. Il quitte la place dans la benne d'un pick-up, dans un état désespéré, tandis que sonnent à pleines volées les cloches des églises du quartier, qui appellent à l'office divin des fidèles aujourd'hui réfugiés en d'autres lieux.

Nous sommes en toute première ligne dans la vieille ville. La Citadelle d'Alep, dans laquelle trois cents soldats d'al-Assad se sont retranchés, est à deux pas de notre position, et nous pouvons l'apercevoir, en nous penchant un peu au coin de l'immeuble qui délimite cette place.

Un Mig survole à présent le quartier ; il a peut-être repéré notre groupe de combattants. Le commandant décide d'en déplacer une partie et nous le suivons. Au même moment, il nous apprend qu'une journaliste japonaise aurait été blessée par des soldats de l'armée régulière et transportée à Dar al-Shifaa, où elle serait décédée.

Nous avançons prudemment, dans ces ruelles qui serpentent le long de la ligne de front ; notre crainte, c'est d'être surpris par un sniper.

Notre troupe traverse une autre place, lorsque retentissent des tirs en rafales ; les balles percutent les façades des maisons dont elles font éclater pierres et enduits. Nous nous précipitons derrière ce que nous trouvons pour nous protéger. Je me blottis contre la roue d'un pick-up. Les tirs cessent et nous nous extrayons de l'embuscade en rampant le long des murs. Pour Eduardo, c'est le second baptême du feu en deux jours. Il s'en sera fallu de peu ; nous sommes sains et saufs. Mais les miliciens laissent le corps de l'un des leurs sur le pavé.

L'homme est blessé. Quelques dizaines de mètres plus loin, deux de ses compagnons empruntent une voiture et, en marche arrière, remontent la rue jusqu'à la place. Les tirs reprennent. Une petite famille presse le pas et passe son chemin en nous croisant ; la femme entraîne ses deux enfants qu'elle tient par la main, de chaque côté d'elle. L'homme, qui porte des cartons d'œufs empilés, les enjoint de se dépêcher.

Les miliciens ramènent leur compagnon d'armes, qui se vide de son sang sur la banquette arrière. Il mourra peu après.

Nous rencontrons un autre groupe de combattants, qui nous propose de visiter leurs positions, toujours en première ligne dans les environs de la Citadelle, un peu plus avancées même, dans le quartier de Bab al-Nasr. Le plus jeune d'entre eux, Abdallah, n'a que seize ans. Nous acceptons, rejoints un peu plus tard par les deux photographes français.

Nous montons dans la voiture qui avait transporté le milicien mitraillé par les snipers. La banquette est couverte de son sang, qui imprègne la jambe de mon pantalon.

Plus loin, il faut avancer à pied et traverser la rue al-Qouatli, un peu large, qui mène en droite ligne au square Saadalah, tenu par l'armée régulière et depuis lequel des snipers ont transformé l'avenue en champ de tir. La technique ne m'est plus inconnue depuis longtemps ; c'est la même qu'en Libye, qu'au Liban, et il n'y en a pas d'autre : courir vite, en priant Dieu qu'un des bonshommes ne soit pas à l'affût, fusil en joue… Ça passe.

La scène ne diffère guère de la première position que nous avions inspectée : une barricade de sacs de sable, sur laquelle flotte le drapeau à trois étoiles de la révolution et, de l'autre côté de la rue, un bâtiment tenu par l'armée régulière –et deux cents Shabihas sunnites, s'il faut en croire les miliciens-, fiché du drapeau à deux étoiles du régime (les trois étoiles décoraient le drapeau originel de la Syrie, avant le coup d'État militaire d'Hafez al-Assad et la brève union avec l'Égypte de Gamal Abdel Nasser, la formation de la République arabe unie : les deux étoiles représentaient cette union).

Le soir tombe, et il est temps de rebrousser chemin pour rejoindre Tarik al-Bab et l'hôpital Dar al-Shifaa. Mais un problème se pose : la retraite nous est coupée ; des snipers tirent désormais dans la rue al-Qouatli. Armé d'un fusil à lunette (c'est un Draganov russe), un des miliciens tente de les éliminer, à demi dissimulé par le bâtiment qui fait angle avec la rue.

Les rebelles nous proposent de monter en voiture et de traverser la rue à vive allure. Nous réfléchissons. Si le chauffeur était tué, si le véhicule restait bloqué au beau milieu du carrefour… Les deux Français préfèrent tenter leur chance à la course. J'ai une autre idée de la situation : si nous ne sommes finalement que deux à l'arrière, nous pouvons nous coucher. Si le chauffeur est atteint, l'automobile, sur sa lancée, traversera le carrefour et s'arrêtera le long d'un mur dans la ruelle qui nous fait face ; au pire, si la voiture devait rester en travers du carrefour, nous pourrions en sortir du côté opposé à celui d'où proviennent les tirs et nous en servir pour nous protéger et rejoindre la ruelle la plus proche. Eduardo est d'accord ; nous tentons le coup. Ça passe. Les deux Français passeront aussi, en courant.

Les miliciens nous ramènent à Dar al-Shifaa. Dans la voiture, nous donnons rendez-vous au lendemain à nos amis photographes ; ils souhaitent nous accompagner dans le quartier de Salaheddine, conquis par l'armée régulière au début du mois et dont l'ASL n'occupe plus que quelques poches.

À peine apercevons-nous l'hôpital que nous savons déjà ce qui nous y attend. Plusieurs véhicules y déchargent les blessés d'un nouveau bombardement. Du moins, nous croyons savoir... Mais, ce soir, c'est toute la fureur de l'Enfer qui s'étale sous nos yeux. Et ce que j'avais décrit précédemment est surpassé en tout.

L'hôpital est déjà empli de blessés, qui gisent à même le sol jusque dans le hall d'entrée ; on glisse sur les flaques de sang. Nous arrivons en plein désastre. Et d'autres voitures arrivent, des pick-up, puis d'autres voitures, puis d'autres, et d'autres encore, puis une ambulance dont le haut-parleur hurle à la foule de dégager les accès... Devant la porte, un médecin vérifie l'état des arrivants : ils ne laissent pas entrer les morts, que l'on dépose à même le trottoir ; les blessés les plus graves, qui présentent peu d'espoir, sont alignés côte à côte sur le sol du hall ; les autres entrent en salle d'opération. Un père pleure sur le corps de son jeune enfant. Les femmes crient leur désespoir. Mêmes des miliciens, ces durs que j'ai vu braver les pires dangers au combat, sanglotent devant ce spectacle dantesque.

On transporte les blessés qui pissent le sang et laissent derrière eux de longues traînées, dans lesquelles pataugent les brancardiers qui suivent à la chaîne.

Un des chirurgiens que je connaissais déjà de mon séjour en juillet, le docteur Abdul Samia Ismaël, a noué sur son front un bandeau noir, à l'inscription blanche « *Il n'y a de Dieu que Dieu* », emblème des djihadistes. Meurt dans ses mains un des blessés ; il s'écrie « *Allah akbar!* ». Son cri est repris par tous : infirmiers, miliciens, civils... Je vois la haine dans son regard.

Il n'agissait pas de la sorte, il y a quelques semaines. Les choses ont changé ; beaucoup commencent à se radicaliser, par défiance à l'égard de la trahison des démocraties occidentales, par provocation envers le régime, ou tout simplement pour puiser dans la foi le courage de combattre contre un ennemi autrement mieux armé.

Domenico apparaît. Il n'est pas parti ; aucune ambulance n'a pu quitter Alep. Il nous confirme la mort de la journaliste japonaise, Mika, quarante-cinq ans : les soldats n'ont pas tiré au hasard ; elle a été mitraillée dans les jambes, puis visée à la tête ; elle portait un gilet pare-balles, à l'inscription « press ». Elle était arrivée aujourd'hui à Alep ; c'était son premier jour. Deux miliciens de l'ASL ont été tués avec elle. Les autres et son caméraman ont ramené son corps.

Il nous apprend, en outre, que l'hôpital a une nouvelle fois été visé par des tirs de roquettes d'un hélicoptère. « *J'attendais toujours qu'une ambulance quitte Alep, quand un hélicoptère est revenu mitrailler le quartier, vers 16h30, alors que la foule sortait pour chercher de quoi préparer le repas du soir. Il y a eu beaucoup de victimes et les gens se sont pressés devant l'hôpital, avec les blessés et les morts. Des voitures se sont accumulées, dont on déchargeait les corps ; il y avait tout plein de monde. C'est ce moment-là que l'hélicoptère a choisi pour revenir vers l'hôpital et tirer ses roquettes. Les gravats sont tombés sur les gens ; les shrapnels aussi. Les gens hurlaient, pleuraient ; c'était le chaos. Cinq miliciens de l'ASL sont morts.* »

Une ambulance l'emmènera, quelques dizaines de minutes plus tard, vers la Turquie, enfin.

Les civières se succédant, les corps portés à bout de bras s'accumulant, j'ai regardé. Sur le trottoir, pêle-mêle, les cadavres s'entassaient ; celui d'un vieillard à la barbe blanche ; celui d'un petit garçon, vêtu d'un pantalon de velours clair et d'une chemise bleue ; son visage et ses cheveux sont couverts de poussière ; ses yeux sont vides, opaques ; il n'avait même pas cinq ans ; celui d'un autre petit garçon, ai-je cru, dans la pénombre ; un autre petit corps ; mais on a ouvert la couverture qui l'enveloppait en partie et j'ai vu le corps d'un adolescent, coupé en deux morceaux. Régulièrement, un infirmier racle le sang qui couvre le sol du hall ; il s'écoule en cascade et dévale les marches de l'entrée. Dans la salle d'opération un garçonnet blessé à la main pleurait, étendu sur la table, et son jeune père, debout à ses côtés, l'air perdu, pleurait lui aussi. J'ai essayé de rassurer l'enfant ; et je me suis rendu compte que sa peine ne venait pas de ce qu'il était blessé, mais de ce qu'il voyait se passer sur la table d'opération voisine.

Quelle idée de la démocratie, de nos démocraties, de la Belgique, de la France, de l'Italie, de l'Europe les petits garçons de Syrie que nous abandonnons à cet Enfer sont-ils en train de se forger ? Ce peuple attendait tout de nous. Nous lui avons fait la morale et nous prétendons donner tant de leçons au monde. Nous avons fait la guerre en Irak, en Afghanistan et en Libye sous prétexte de délivrer ces pays de la dictature. Aujourd'hui qu'un peuple nous demande vraiment de l'aider, nous détournons notre face. Il ne faudra pas se demander, demain, pourquoi tous les petits garçons de la Syrie d'aujourd'hui et, avec eux, une large partie du monde arabe nous tourneront le dos à leur tour.

« *Dieu, bientôt, fera descendre du ciel des milliers de légions d'anges sur des chevaux de feu* », m'a dit un vieil homme qui m'a agrippé le bras, tandis que je griffonnais à toute vitesse dans un carnet ce que je voyais autour de moi. « *Et ils mettront à bas al-Assad, la bête immonde.* »

Près de deux heures ont passé ainsi ; et j'ai estimé que nous en avions assez fait pour ce soir. Eduardo était nerveusement épuisé ; il pleurait, agenouillé au milieu de la rue ; moi-même, je ne cachais pas mes larmes. Pourquoi l'aurais-je fait ?

Nous avons arrêté là et nous nous sommes éloignés pour trouver un endroit où nous reposer.

« *Dans tous tes périples en Afrique et chez les Arabes, tu avais déjà vu faire ça à sa population ?* », m'a demandé Eduardo. « *Non, je ne l'ai jamais vu.* »

Je me demande si Domenico n'a pas fait le bon choix. Je crains en effet que l'étau ne se resserre et que l'armée régulière n'ait la capacité de très rapidement enfermer la ville. Les déflagrations et le retentissement des tirs se font de plus en plus proches de l'hôpital.

Alors que je suis en train de rédiger les dernières lignes de ma chronique, assis sur le toit pour profiter de la fraîcheur de l'air nocturne et des chants graves des muezzins qui appellent à la dernière prière de la nuit, plusieurs mortiers font soudainement entendre leur feu. Les roquettes sifflent en passant au-dessus de Dar al-Shifaa et explosent deux rues plus loin, dans un vacarme assourdissant et en soulevant d'impressionnants panaches de fumée et de poussière.

J'ai bien cru que c'était pour nous.

XII. Le prix du pain

Alep (21 août 2012) – La nuit a été éreintante. Les tirs de mortiers n'ont pas cessé d'ébranler le quartier de Tarik al-Bab et l'hôpital Dar al-Shifaa. On les entendait venir de loin ; à leur sifflement caractéristique, on les entendait s'approcher, jusqu'à l'impact et l'explosion.

Jusqu'à hier, je passais la nuit dans une pièce située sous le toit, au dernier étage de l'hôpital. Si un obus venait à y tomber, la dalle de ciment s'effondrerait sur moi. L'idée que cela puisse arriver m'a décidé à retrouver au rez-de-chaussée Eduardo et à squatter un fauteuil où dormir.

Il fait déjà très chaud, ce matin. Et le problème des immondices qui s'amoncellent depuis deux mois n'est toujours pas réglé. Les médecins en sont de plus en plus inquiets, car le choléra semble avoir fait son apparition en ville. « *Nous sommes effrayés à cette idée,* m'explique le docteur Abdul Samia Ismaël, *car nous n'avons pas assez de médicaments pour lutter contre ce genre d'épidémie. Il faudrait rapidement commencer à nous envoyer des réserves depuis la Turquie...* »

Ce matin, nous apprenons que le quartier de Jdédié, où nous avions suivi la veille un groupe de combattants rebelles, est aujourd'hui la cible d'une importante attaque de l'armée régulière. Les rebelles tiennent pour ainsi dire toute la moitié sud-est d'Alep et avaient entrepris de conquérir le centre-ville en encerclant la Citadelle médiévale, dans laquelle des soldats du gouvernement se sont fortifiés. Jdédié, situé au nord-ouest de la Citadelle, constitue la tête de pont de cette manœuvre. Mais, depuis l'aube, le quartier est soumis au pilonnage de l'artillerie.

À l'hôpital, les blessés commencent à arriver. C'est une ambiance de débâcle qui s'installe progressivement : les victimes sont nombreuses, les visages sont défaits et les pertes sont telles que des soldats fondent en larmes, peut-être de rage ou de désespoir, plus que de tristesse, car les efforts et leurs sacrifices ont été immenses.

Sur une civière, le corps d'un beau jeune homme de vingt ans, recouvert d'un drap. « *Quel dommage* », soupire une infirmière qui dévoile le visage du garçon.

Dans la salle des urgences, je reconnais un des miliciens de l'ASL qui nous avait accompagnés dans le quartier de Saïf al-Daoula. Il gît à même le sol, une balle dans la cuisse. Il me reconnaît lui aussi. Je lui prends la main. C'est un homme au regard généreux ; un homme simple, d'un milieu humble ; un homme juste comme on en trouve parfois dans ces circonstances. Il ne se plaint pas. Je m'empare d'un drap que je roule sous sa nuque. Le geste semble lui aller droit au cœur. Il était à Saïf al-Daoula, lorsqu'il a été touché. La situation n'y est guère meilleure qu'à Jdédié : là aussi, l'armée régulière a lancé une vaste offensive et avance. Là aussi, les pertes sont considérables.

Mais c'est principalement de Jdédié que les blessés affluent ; il est évident que la défaite n'est plus qu'une question de quelques heures. Les photographes français avec lesquels nous avions rendez-vous ne se manifestent pas ; probablement n'ont-ils pas pu entrer dans la ville aujourd'hui. Nous décidons donc d'aller constater sur place la réalité de la situation et le rapport des forces en présence à Jdédié.

Nous gagnons le quartier de Bab al-Hadid et, par chance, nous y retrouvons le Commandant Abou Amar, avec lequel nous nous étions rendus à Jdédié la veille. Il est étonné de nous revoir à cet endroit. « *C'est très dangereux, maintenant*, nous dit-il ; *on se bat en ce moment. Les journalistes ne vont pas là.* » Nous insistons à peine et montons avec lui dans une voiture.

Arrivés aux abords de la place qu'occupaient hier les combattants de Liwa al-Towheed, nous retrouvons aussi le Commandant Khatab, à la tête de la katiba que nous avions suivie. Leur position, bombardée par des tirs de mortiers, est en outre menacée par trois chars d'assaut qui progressent dans les rues alentours. Nous restons en retrait, le dos collé aux murs de pierre des augustes demeures de la vieille ville d'Alep que font trembler les explosions assourdissantes qui retentissent autour de nous. La fumée et les nuages de poussière qui envahissent la rue sont suffocants.

Un premier char s'avance sur la place. Il tire son obus, qui fait éclater le pignon d'une maison. Un deuxième le suit et s'engage également. Il est suivi par un troisième, qui attend dans la rue voisine de pouvoir prendre à son tour position. Leurs manœuvres sont gênées par l'étroitesse des rues de la vieille ville et les gravats des habitations effondrées sous le bombardement. Un combattant sort soudainement du nuage de poussière qui le dissimulait, un lance-roquette à l'épaule. Il tire. La détonation nous assourdit. Son projectile frappe le char de flanc ; la tourelle se soulève de peu et retombe de côté.

Un autre rebelle, monté sur un toit, tire lui aussi une roquette, sur le troisième char. Nous constaterons plus tard que la roquette a endommagé une des chenilles du char qui, immobilisé, tente de mouvoir sa tourelle ; mais le canon est bloqué par les murs des maisons qui bordent la ruelle. Pris de panique, craignant probablement un second tir de roquette, les tankistes ouvrent les portes arrière et s'enfuient.

Coincé entre ces deux épaves, le deuxième char est également détruit, éventré par un dernier tir de roquette. Pour les rebelles, c'est une grande victoire, acclamée par les « *Allah akbar !* ». Nous rejoignons les combattants qui grimpent déjà sur leurs trophées de guerre. Le spectacle des corps déchiquetés que nous découvrons à l'intérieur des deux premiers tanks est insoutenable. Au-delà de l'action, l'horreur de la guerre n'a pas tardé à nous rattraper.

La réaction de l'armée régulière ne se fait pas attendre non plus : un hélicoptère, qui tournait au-dessus de nos têtes depuis le début de l'engagement, mitraille la place ; nous prenons nos jambes à notre cou et nous abritons derrière les larges piliers de pierre d'un portique. Plusieurs miliciens demeurent quant à eux sur la place et mitraillent désespérément l'hélicoptère de leurs légères kalachnikovs. Mais le monstre de métal est hors d'atteinte et lance trois roquettes de suite, qui déchaînent sur la place un enfer de feu et de fumée ; le pavement de pierre, les arbres qui l'ornaient, tout éclate en morceaux projetés partout et des shrapnels déchirent l'air et tout ce qu'ils rencontrent sur leur passage. Les shrapnels sont effroyables : il s'agit de morceaux de métal de la taille d'un doigt qui, au moment de l'explosion, se détachent de la masse de l'obus et se fendillent en d'innombrables lamelles coupantes comme des rasoirs. Projetés dans tous les sens, ils provoquent sur les corps des dégâts épouvantables.

Au moment de l'impact de la première roquette, je me suis instinctivement accroupi, protégeant ma tête de mes deux bras. Je n'ai pas eu le temps de réaliser ce qui arrivait en si peu de temps et sur un si petit espace. Il me faudra quelques minutes pour me relever, les jambes tremblantes, ainsi qu'à Eduardo, complètement assourdi par le bruit des trois explosions. J'avais déjà été bombardé, en Libye notamment. Mais jamais dans l'espace clos d'un milieu urbain.

L'efficacité de ces tirs était à craindre : tous les combattants qui se trouvaient à découvert sont morts ou très gravement blessés. Leurs compagnons d'armes les évacuent. Hurlant encore plus fort « *Allah akbar !* », comme pour se donner à eux-mêmes le courage de poursuivre la lutte, ils déposent les dépouilles et les blessés dans un pick-up et une camionnette qui les emmèneront à Dar al-Shifaa…

Nous ne nous attendions pas à ce que les choses atteignent ce paroxysme de violence.

L'hélicoptère revient ; il faut se replier sur une petite place adjacente, à laquelle on accède par un long porche couvert.

Là, nous pouvons souffler et nous nettoyer un peu de la poussière qui nous recouvre. L'hélicoptère tourne au-dessus de notre position, mais il ne tire plus. En face, l'attaque semble enrayée.

Les rebelles en profitent pour passer en revue ce qui leur reste d'armement. L'un d'eux sort du coffre d'une voiture des sacs en plastique, gonflés de cartouches. Patiemment, ils vont remplir leurs chargeurs et rappareiller, cartouche par cartouche, la bande du seul fusil-mitrailleur dont ils disposent. Encore une fois, je constate que la rébellion manque de tout et bricole de son mieux pour monter au front.

Mais le répit ne dure pas longtemps : des soldats casqués font leur entrée sur la place ; ils courent et sautent entre les paquets de gravats. Les rebelles repartent à l'attaque, dans l'espoir de réinvestir la place. Mais le feu nourri de l'ennemi les empêche de progresser très avant sous le porche, et c'est la fuite désordonnée. Un petit groupe essaie de surprendre l'adversaire en passant par une ruelle latérale ; mais il est lui aussi repoussé par les tirs des mitrailleuses.

Survient cette fois dans le ciel un Mig. Le danger est désormais trop important : s'il bombarde le square où nous sommes réfugiés, il ne restera de cette katiba pas âme qui vive.

C'est l'évacuation générale ; la bataille est perdue : les rebelles montent dans les véhicules disponibles ; le Commandant Abou Amar nous appelle, tandis qu'Eduardo filme la débâcle. Un milicien charge un lance-roquette et, pour couvrir la retraite, tire une salve en direction de la place désormais aux mains de l'armée d'al-Assad.

Le commandant ne nous attendra pas ; il s'enfuit, nous laissant avec la katiba du Commandant Khatab, qui se replie également, à pied.

Parmi eux, un homme nous interpelle en anglais : « *Que faites-vous là ? Vous ne devez pas être ici !* » Je lui demande qui il est. C'est un journaliste d'al-Jazeera, chaîne de télévision qatarie dont les envoyés spéciaux sont réputés pour leur audace. Il nous dit de le suivre, qu'il va nous sortir de là. Je ne me sens nullement en position « d'être sorti de là » ; j'ai pleine confiance dans les capacités du Commandant Khatab et suis partisan de rester avec la katiba avec laquelle nous avions passé la journée d'hier. Mais l'homme insiste et Eduardo veut quitter le champ de bataille sans tarder. Je les suis, mais le regrette rapidement lorsque je me rends compte qu'il maîtrise à peine la géographie de ce lieu, dont l'ASL ne contrôle qu'un maigre boyau de ruelles qui relient Jdédié aux quartiers en révolution, boyau dont les limites changent en permanence.

À deux reprises, ainsi, nous sommes pris sous le feu de snipers. Et je comprends comment ce crâneur, qui se croyait seul sur les lieux, voulant jouer les donneurs de leçons, nous met à présent en danger. Pire, je m'aperçois qu'il nous entraîne vers Bab al-Nasr, où nous étions hier également, à l'opposé de Bab al-Hadid, où il est sensé nous ramener. Il nous fait ainsi repasser inutilement par la rue al-Qouatli, champ de tir des snipers de l'armée régulière.

Nous la traversons en courant et il nous fait asseoir auprès du groupe des miliciens que nous avions là rencontrés la veille. Un des leurs, Obaida, avait été amené ce matin à Dar al-Shifaa. Il y était mort. C'est Eduardo qui l'avait reconnu, lui et son fils Ahmad, qui combattait à côté de son père et avait lui aussi été blessé. Nous leur apprenons la triste nouvelle. Deux des plus âgés sanglotent. C'était leur voisin et leur ami, depuis toujours.

Ils nous apprennent quant à eux que le jeune Abdallah, seize ans, avec lequel nous avions pris le thé hier, est mort ce matin, abattu par un sniper dans une ruelle du vieil Alep…

Au bout d'un moment, je commence à me demander ce que nous attendons-là. Je manifeste mon souhait de retourner à Bab al-Hadid, qui se trouve à deux pas. La situation est d'autant plus absurde que la katiba du commandant Khatab fait son apparition de l'autre côté de la rue al-Qouatli. Nous laissons là le crâneur d'al-Jazeera et repartons, accompagné d'un des miliciens ; nous retraversons en courant la rue et saluons le commandant. Nous longeons les boutiques du marché aux épices ; leurs volets de bois, clos depuis des semaines, ne sauraient retenir les milles parfums de l'Orient arabe, qui s'exhalent sur notre passage. Autre instant surréaliste de cette guerre syrienne…

Peu après, nous atteignons Bab al-Hadid, où nous croisons des miliciens qui ont arrêté deux personnes. Il s'agit de moukabarats, des membres de la police secrète.

Un hélicoptère mitraille le quartier ; il tire une roquette qui s'abat derrière une mosquée ; un épais nuage de fumée noire enveloppe le minaret...

Nous reprenons le chemin de Dar al-Shifaa, où nous accueille mon ami Abdul Rhaman.

Pendant notre absence, de nombreux blessés supplémentaires sont arrivés de Saïf al-Daoula et de Salaheddine, où les dernières poches de résistance perdent pied. L'armée régulière a procédé à de lourds bombardements, et les rebelles reculent là aussi.

Nous pensons retourner demain à Saïf al-Daoula, où nous nous étions rendus il y a deux jours, et essayer de savoir si le « mur de résistance » que l'ASL avait promis d'y maintenir sera en mesure de repousser les attaques de l'armée régulière. La place est en partie tenue par des katibas de Jabhet al-Nosra. La katiba Abou Amara s'y trouve ; avant-hier, j'en avais reconnu les combattants, rencontré à Salaheddine en juillet déjà. Or, leur commandant, le jeune Abou Bakri, est soigné depuis ce matin à Dar al-Shifaa : la porte de sa chambre était entrouverte, je l'ai poussée et il m'a tout de suite reconnu. Je sais pouvoir compter sur lui pour me faciliter les choses. Nous tenterons aussi de progresser jusque dans Salaheddine, s'il reste des combattants de l'ASL à y accompagner.

Mais, ce qui inquiète plus immédiatement Abdul Rhaman, c'est un hélicoptère, qui décrit des cercles au-dessus de l'hôpital, déjà frappé trois fois de plusieurs roquettes, ces dernières semaines. Les tirs de mortiers qui se sont abattus cette nuit sur le quartier avaient probablement aussi l'hôpital pour cible.

L'hélicoptère ne tirera pas, ce soir ; c'est un autre malheur qui nous attend…

Alors que nous scrutons le ciel, trois explosions rapprochées retentissent. Ce n'est pas très loin de Tarik al-Bab. Peut-être à Bab al-Hadid ?

Nous courons dans cette direction, à pied, en remontant la rue qui donne son nom à notre quartier, jusqu'au rond-point de Shahar. Nous n'irons pas plus loin : un premier véhicule arrive à toute allure et tourne dans Tarik al-Bab, en direction de Dar al-Shifaa. C'est un pick-up qui transporte des blessés, couverts de sang. Puis survient un deuxième véhicule, puis un troisième.

D'autres suivent. Ça n'en finit pas. Nous remontons la rue en courant en sens inverse, jusqu'à l'hôpital. Une camionnette qui nous dépasse perd une partie de son chargement : les portes arrière s'ouvrent brusquement et le corps d'un homme glisse sur la route ; à l'intérieur, nous apercevons d'autres corps ; l'un d'eux a le ventre grand ouvert et ses boyaux coulent le long du pare-choc. L'horreur, ce soir encore.

Eduardo filme ; je questionne et note : un hélicoptère a lancé trois roquettes sur une boulangerie. Il était 19h33, la distribution de pain venait de commencer ; deux à trois cents personnes faisaient la queue (assiégée de toute part, Alep manque de farine et, aussi bien dans les zones rebelles que dans les quartiers sous contrôle du gouvernement, le pain est rationné et la population doit attendre plusieurs heures parfois, formant de longues files, avant de recevoir quelques galettes quotidiennes).

Toutes les victimes sont des civils. Ils viennent d'Aghiour, tout à côté de Bab al-Hadid. Ce qui n'est pas cohérent, c'est que cet endroit n'est pas sous le contrôle de l'ASL, mais bien de l'armée régulière ; je ne suis pas parvenu à obtenir le moindre éclairage à ce propos. L'hélicoptère se serait-il trompé de cible ? On dénombrera environ quatre-vingts blessés et une quinzaine de morts.

L'état des personnes que l'on décharge à l'hôpital est indescriptible : les roquettes ont déchiqueté les corps, coupé des membres, décapité deux adolescents… Un enfant a perdu ses deux jambes ; il mourra pendant l'opération ; son corps sera déposé avec les autres, sur le trottoir, devant l'hôpital. Ses deux pieds sont placés à côté du corps. La scène est choquante.

Comme à chaque fois, c'est la panique, le chaos, l'embouteillage devant l'hôpital, les cris de détresse, la foule qui se presse et hurle. Certains sont gris de poussière, que des filets de sang colorent. Un homme porte sur son dos sa femme tout ensanglantée. D'autres, des enfants dans leurs bras. Il n'y a plus de place aux urgences, ni dans le hall ; des corps sont étendus sur les marches de l'entrée.

Un homme, soudain, comme fou, pousse des gémissements déchirants : il vient de trouver le corps de sa petite fille, parmi les cadavres entassés sur le trottoir ; elle remue encore…

Tel est donc, désormais, le prix du pain à Alep.

Les médecins, ce soir encore, sont dépassés. Ce soir, le docteur Yasser est effondré.

Était-ce pire ce soir qu'hier ? Je le crois. Le régime a les coudées de plus en plus franches, plus le temps passe sans que la Communauté internationale ne réagisse aux massacres quotidiens. Il n'hésite donc plus à frapper la population en bombardant les quartiers rebelles.

Ces bombardements et massacres, qui ont pour but -peut-on supposer- de décourager la population des quartiers en rébellion, ont en réalité un effet contraire à celui recherché : ils renforcent la sympathie à l'égard de l'ASL et la haine pour la dictature. Une haine dévorante, qui exigera des vengeances terribles…

La nuit tombe sur Alep. Les tirs de mortier reprennent sur le quartier. Je suis trop fatigué ; alors, je me coucherai au calme, tout en haut de la tour de l'hôpital. Et que Dieu me protège.

XIII. L'abandon

Alep (22 août 2012) – Eduardo me réveille. Il était déjà sorti ; il lui fallait quelques plans de rues, pour notre documentaire sur la bataille d'Alep. Il a en outre filmé les édifices qui ont été touchés cette nuit par les tirs de mortiers.

J'émerge : nous avons rendez-vous avec des miliciens de l'ASL, pour gagner le quartier de Salaheddine. Les deux petits photographes français ont finalement réussi à nous retrouver et ils nous accompagnent. Mon ami Abdul Rhaman sc joint également à nous.

Mais il y a un changement de programme : Salaheddine est définitivement tombé hier, en fin de journée. Nous avions relevé qu'un grand nombre des combattants blessés qui étaient transportés à l'hôpital provenaient de ce quartier. Un peu plus tôt, nous avions assisté à la défaite des rebelles dans le quartier de Jdéidé… Les moyens dont dispose l'armée régulière ne laissent que peu de chance aux insurgés, qui se battent à la kalachnikov et au lance-roquette contre des hélicoptères, des chars d'assaut et des avions de combat.

C'est donc à Saïf al-Daoula que nous allons, le quartier voisin de Salaheddine. C'est désormais la seule ligne de front à l'ouest.

Nous connaissons déjà les lieux. Mais la situation n'est plus la même qu'il y a trois jours : les rebelles ont reculé de près d'un kilomètre. Pourtant, ce sont là les plus durs des combattants, des djihadistes syriens prêts à mourir pour Dieu. Nous y avions même côtoyé un groupe qui se revendiquait d'al-Qaeda.

L'armée gouvernementale a progressé et, lorsque nous arrivons sur place, les rebelles sont en difficulté.

À cet endroit, le front est tenu par la katiba Abou Bakar al-Sadik, de Liwa al-Towheed. Son commandant est le Sheikh Zaer Abdul Jawad Sharqop. Des hommes de la katiba Abou Moussab la renforcent. J'y retrouve Najib, qui était avec nous il y a quelques jours. Le gros de la katiba défend une barricade, qui ferme le boulevard, légèrement en retrait d'un carrefour. Au fond de la rue de gauche, perpendiculaire au boulevard, un tank a pris position : il tire de temps à autre une salve pour barrer la route à un éventuel assaut des rebelles, qui tentent de reconquérir le terrain perdu. Des soldats sont déployés derrière le tank, et les rebelles ont préparé un lance-roquette dans l'éventualité où le char avancerait sur la barricade.

Mais, face à nous, de l'autre côté du carrefour, sur le trottoir de gauche, nous apercevons un petit groupe de révolutionnaires, qui ne parviennent pas à rejoindre leur troupe : l'un d'eux essaie de traverser le carrefour, en courant, pour revenir vers nous ; mais les soldats qui se sont embusqués autour du tank ouvrent le feu ; et le milicien tombe.

En outre, ce groupe a été surpris par des snipers, nichés dans un immeuble un peu plus en avant, du même côté gauche du boulevard. Ils ne peuvent donc plus ni nous rejoindre, ni avancer, prisonniers d'un tir croisé qui leur laisse l'espace d'un petit triangle de trottoir, adossés à la façade d'un édifice.

Leurs camarades tentent d'ouvrir un feu de couverture, mais ils ne peuvent atteindre le char et les soldats, protégés par le parfait angle droit que forme avec le boulevard la rue depuis laquelle ces derniers mitraillent le carrefour. Un des rebelles lance à l'entrée de la rue une chaise de jardin, prise dans une cour : le siège de plastic est déchiqueté par les mitrailleuses du tank et les tirs des militaires.

À plusieurs reprises, un milicien essaie de se positionner à l'angle de la rue, pour un tir de roquette sur le tank. Mais le mur de coin est arrondi et, si peu qu'il s'avance, il se met à découvert, essuyant les tirs de l'ennemi.

De l'autre côté du carrefour, quelques miliciens rebelles risquent de temps en temps une sortie et, sans protection, au milieu du boulevard, mitraillent à la kalachnikov les fenêtres de l'immeuble où se cachent les snipers.

La situation perdure en l'état près de deux heures : malgré l'arrivée en renfort de miliciens de l'ASL, les révolutionnaires se révèlent impuissants.

Soudainement, un des miliciens pris au piège s'élance à travers le boulevard pour gagner la cour d'une école qui s'ouvre sur le trottoir opposé, tandis que ses compagnons le couvrent en vidant leurs chargeurs sur les fenêtres d'où viennent les tirs adverses. D'autres le suivent ; tous réussissent à passer : protégés par le muret de la cour, ils sont en meilleure position pour déterminer l'origine des tirs des snipers et essayer de les éliminer. Mais rien n'y fait ; les snipers se déplacent dans l'immeuble et tirent de courtes rafales, passant d'un étage à l'autre.

Les choses se compliquent lorsqu'un premier tir de mortier frappe de plein fouet un bâtiment situé à la droite de la barricade des rebelles : des blocs de béton sont projetés sur les hommes qui tiennent la barricade, tandis qu'un épais nuage de poussière déroule ses volutes dans notre direction et envahit tout le carrefour.

Un second tir, précédé du sifflement caractéristique des mortiers, frappe une maison, à notre gauche, cette fois, à une dizaine de mètres de là où nous nous trouvons. Tandis qu'Eduardo filme, je quitte le mur auquel je m'étais adossé pour traverser en quelques sauts la largeur du trottoir et m'abriter derrière le tronc d'un arbre, en bordure du boulevard, d'où je pourrai prendre quelques vues de la bataille. Un troisième obus tombe au milieu du carrefour, immédiatement suivi d'un quatrième, qui s'écrase sur le toit d'un immeuble plus proche encore, dont un pan s'effondre sur notre trottoir. Eduardo me crie de revenir à l'abri : deux gros éclats de métal sont passés très près de moi, de chaque côté de l'arbre ; je ne les ai pas vu ; l'un d'eux a heurté le sol à quelques centimètres de mon pied gauche.

Probablement aiguillés par les snipers qui informent les tireurs, les mortiers tombent avec de plus en plus de précision. Notre position est très évidemment menacée, tout comme celle des rebelles isolés de l'autre côté du carrefour.

Les combattants en position dans l'école décident dès lors de retraverser le boulevard. Au moment où ils sautent le muret, des rafales font voler les feuilles des arbres qui bordent la cour et éclater le dallage du trottoir. Un autre tir de mortier tombe non loin d'eux ; ils profitent de la poussière soulevée par l'explosion et courent au milieu des gravats rejoindre leur groupe.

Nous ne saurons pas ce qu'il adviendra d'eux. En effet, les tirs de mortiers se rapprochant, quelques-uns des miliciens de l'ASL venus en soutien des combattants de Liwa al-Towheed nous proposent de nous replier derrière un précédent carrefour. Les deux Français et Eduardo les suivent ; je décide de rester un moment encore en première ligne : j'ai plusieurs fois déjà fait l'expérience des tirs de mortiers ; on peut savoir à quelle distance de leur objectif il faut se tenir pour les éviter. Je prends donc la caméra et continue de filmer au milieu des combattants : il m'apparaît important de fixer ces instants terribles, par respect pour le sacrifice de ces hommes, auxquels je veux rendre hommage dans le documentaire que nous réaliserons à notre retour. Ces images m'y aideront. Et les combattants l'ont bien compris : « *Choukran, al saâfi !* » (« *Merci, le journaliste !* »); l'un d'eux me prend par l'épaule, un autre m'embrasse. Le moment est lourd d'émotion.

Mais les tirs de mortier redoublent. La fumée et la poussière deviennent impénétrables. Une demi-heure plus tard, un Soukhoï fait entendre son grondement dans le ciel ; nous l'apercevons, décrivant des cercles de plus en plus étroits au-dessus de notre position. À présent, le danger est devenu trop important. S'il lançait une bombe thermique, identique à celles qui ont eu raison de l'ASL à Salaheddine, nous n'aurions aucune chance d'en réchapper.

J'entends les voix d'Eduardo et d'Abdul Rhaman qui m'appellent depuis leur abri, recouvertes par les explosions et les tirs. Il faut partir tout de suite… Les miliciens eux-mêmes organisent leur retraite. Deux d'entre eux se replient et traversent le second carrefour pour rejoindre mes compagnons. Mais des tirs surviennent de la rue latérale : nous sommes débordés sur nos arrières ; l'armée régulière a contourné notre position et veut couper la retraite de toute la katiba. Je ne dois plus tarder un seul instant ; il n'y a aucune alternative : courir le plus vite que je peux pour traverser le carrefour sans me faire avoir par les snipers. Encore une fois, il faut forcer la chance. Ça passera.

Ici aussi, la bataille est perdue. Nous évacuons le front avec un groupe de miliciens ; et nous rejoignons Dar al-Shifaa.

Lorsque nous arrivons devant l'hôpital, l'ambiance est à l'inquiétude : les volets des derniers commerces encore actifs sont baissés ; la rue est déserte ; et les quelques habitants qui se tiennent sur les trottoirs, dos aux façades, regardent vers le ciel.

Un Mig tourne autour de Dar al-Shifaa, une fois de plus prise pour cible. Mais, cette fois, la peur est plus forte : les hélicoptères l'avaient frappée à coups de roquettes. Nous ignorons les intentions du Mig.

Nos amis français, qui sortent d'Alep comme tous les soirs, décident de nous quitter. Sur le trottoir, je retrouve Mohammad, un garçon de dix-huit ans, intelligent, qui parle très calmement un anglais très académique. Il nous a déjà aidés, dans le quartier, et j'ai beaucoup de sympathie pour lui. Ses parents sont partis pour la campagne, avec ses quatre sœurs et ses trois petits frères. Il reste seul, pour garder l'appartement, situé au dernier étage de l'immeuble qui jouxte l'hôpital…

Soudainement, le Mig pique vers l'hôpital et, mitraillant la rue dont le tarmac vole en éclat sur plusieurs dizaines de mètres, lance un premier missile qui fait s'effondrer un pan de l'immeuble voisin. La déflagration est saisissante et l'explosion projette dans l'air des graviers de béton qui retombent tous alentours.

Eduardo et moi nous protégeons dans l'entrée très étroite d'un immeuble à appartements, juste en face du hall de l'hôpital. De là, nous pouvons tout voir et, si le Mig frappe encore, nous réfugier tout au fond du long couloir qui mène à la cage d'escalier, au centre du bâtiment.

Le Mig tire un second missile. Il a à nouveau manqué sa cible ; un autre immeuble est touché. Il tire un troisième missile, puis un quatrième, qui s'abat sur le toit de notre immeuble. Un paquet de gravats dévalent de la cage d'escalier et inondent le couloir d'un nuage de poussière dense, tandis que le Mig repasse au-dessus de la rue en la mitraillant ; nous ne pouvons plus respirer, mais il est impossible de sortir.

Heureusement, on en restera là : après ce dernier passage, l'avion s'éloigne ; je secoue la poussière grise qui couvre mes cheveux, mon visage, mes vêtements. Et nous traversons la rue vers l'entrée de l'hôpital.

Les vivants commencent à apporter leurs blessés. Un père porte le corps de son fils : il est déjà mort ; sa jambe a été arrachée ; un homme la porte à leur côté, dans la jambe du pantalon, chaussure au pied…

Nous avions décidé de quitter Alep ce soir.

Peu avant de gagner Saïf al-Daoula, ce matin, nous avions reçu une troupe de journalistes à Dar al-Shifaa, qui venaient de Turquie passer une petite journée à Alep. Parmi eux, Jean-Louis Le Touzet, de *Libération*, très sympathique. Nous leur avions montré les images du massacre de la veille, lorsque l'hélicoptère avait bombardé une foule qui attendait une distribution de pain. Ils en avaient été fort impressionnés… C'est le problème avec les journalistes : même ceux qui osent franchir la frontière et se risquent à pousser jusqu'à Alep repartent en fin d'après-midi ; rares sont ceux qui passent plusieurs jours dans la ville. Ils n'assistent donc jamais aux scènes d'horreur qui suivent les bombardements, dont la plupart ont lieu en début de soirée.

Leur programme prévoyait l'interview d'un officier déserteur, après quoi ils nous proposaient de repasser une heure plus tard nous prendre à l'hôpital pour que nous regagnions avec eux la frontière turque.

Pour ma part, je souhaitais passer ces derniers moments avec mon ami Abdul Rhaman. Je voulais aussi qu'il témoigne de ce qui lui était arrivé : il y a un an, il avait été arrêté par les services de renseignement. Mais il a refusé de m'en dire plus. Maintenant qu'une amitié sincère existe entre nous, j'espère qu'il me parlera. Surtout parce que, aujourd'hui, il a appris que j'avais moi aussi été arrêté par la police secrète.

Nous trouvons un coin pour partager un peu de pain et quelques haricots en conserve : les étalages des dernières épiceries encore ouvertes se vident peu à peu ; les denrées sont introuvables. Ce n'était pas le cas en juillet ; cette fois, notre ordinaire se composait de galettes de pain et d'olives ; de quelques fruits, parfois. La nourriture commence à manquer, très sérieusement.

Abdul Rhaman me raconte son calvaire, celui que des milliers de Syriens ont parcouru comme lui : « *Quand j'ai terminé l'école, j'ai voulu aller à l'université, mais pas en Syrie. Je voulais aller en Europe. Mais, après le 11 septembre, c'était difficile pour les Arabes. Les médias disaient que nous étions tous des terroristes. En plus, je venais d'une famille pauvre. J'ai donc fais mes études à Idlib, ici, en Syrie. Un soir, je passais dans la rue, pas très loin de chez mes parents, à Alep, au moment où s'achevait la prière à la mosquée. C'était le 19 août 2011 ; il y a un an. Les manifestants criaient 'Allah akbar !'. Les moukabarats* (les services de renseignement) *nous ont encerclés. C'était à Sakhour. Ils m'ont pris. Ils m'ont tabassé, à coups de crosses et de matraques. Pendant plus d'une heure ; j'étais tombé dans l'eau sale qui coulait dans la rue. Je suis resté inconscient un moment. Quand je me suis réveillé, les soldats m'ont frappé à coups de pieds. Ils m'ont lié les mains dans le dos et m'ont mené à l'officier. Je lui ai dit que je n'étais pas un révolutionnaire. Mais un soldat m'a donné un grand coup sur la tête et des filets de sang ont coulé dans mes yeux. Ils ont resserré la tige en plastique qui me liait les mains ; elle me coupait les poignets. On m'a amené dans un bus ; les fenêtres étaient aveuglées par des rideaux. Nous étions quarante-sept, entassés. Par un trou du rideau, j'ai vu que nous allions vers le nord-ouest d'Alep, dans un centre des moukabarats. On est entré dans le bâtiment. Ils m'ont encore frappé avec un bâton. Ma jambe gauche était très touchée. Je n'ai plus pu la plier pendant deux mois. Ensuite, on nous a couchés les uns sur les autres sur le sol d'une petite pièce. Ils nous ont piétinés. Après quelques minutes, ils nous ont fait descendre dans un sous-sol. Nous étions accroupis contre le mur, les mains sur la tête. Sans bouger. Après avoir été tellement battu, c'était très dur de rester ainsi sans bouger. Celui qui se plaignait était battu avec une badine en plastique souple. Ils nous ont demandé notre nom et notre métier. Quand j'ai dit que j'étais étudiant, ils ont répondu 'c'est très dangereux, un étudiant'. Cinq ou six personnes ont été séparées de nous et mises en cellule. Mais tous les autres, des jeunes, des étudiants surtout, ont été emmenés dans un autre sous-sol, plus bas. On nous a enfermés chacun dans une petite cellule d'un mètre sur septante centimètres, environ. Impossible d'étendre les jambes. Sous moi, il y avait un trou, pour faire mes besoins. Je suis resté là quarante et un jours. Quand on entendait les pas du geôlier, il fallait se tenir debout, face au mur, les yeux fermés et les mains sur la nuque. Il déposait une galette de pain et une sorte de pâtée répugnante que je ne pouvais pas manger. Je la jetais dans le trou des toilettes. Tous les jours, on me sortait de la cellule ; on me passait les menottes et un bandeau sur les yeux. Pour me conduire à l'inspecteur. On s'agenouille et on baisse la tête. Parfois, un soldat donne un coup de pied dans le dos et on tombe couché par terre. Ils me frappaient sur les pieds et sur les épaules. Ils me disaient : 'tu étais dans la manifestation ; tu es un leader'. Je répondais que non. 'Tu es un menteur.' Tous les jours comme ça, pendant quarante et un jours. Un jour, ils m'ont arraché des ongles aux pieds, avec une pince, dans le bureau de l'inspecteur. Pour un de mes amis, ça a été pire : on l'a torturé à l'électricité. Et il est mort dans cette prison. Il avait vingt et un ans. Il s'appelait Mohammad Kadjan. Ils ont brûlé son corps et l'ont jeté dans sa rue. Avec une pancarte : 'cadeau de l'Armée syrienne libre'. Mais comment, alors qu'il travaillait avec l'Armée syrienne libre ? Après ça, ils m'ont emmené devant le juge. Il m'a parlé comme un père : 'Bien, mon fils, tu peux t'en aller ; tu peux sortir.' Nous étions si heureux, mes parents et moi. Mais je n'étais pas libre. J'ai été transféré dans une autre prison. Après un mois, mes parents ont pu revoir le juge. Ils l'ont payé 20.000 livres syriennes ; c'est énorme pour nous : mon père conduit un taxi ; il gagne 7.000 livres par mois. Je suis sorti. »*

Quarante et un jours. Dans ce trou à rat, sans avoir l'espoir d'en sortir. Après quelques jours en prison -je m'en souviens très bien-, entre ces murs, privé de liberté, de mouvement, de voir le ciel, de respirer l'air du dehors, je n'en pouvais plus, déjà ; je commençais à tourner en rond. Alors, quarante et un jours…

Notre échange a été interrompu à plusieurs reprises par des appels de sa mère : elle est paniquée, car Hananou, le quartier où elle vit avec les deux sœurs d'Abdul Rhaman, est bombardé au mortier depuis ce matin ; je l'ai entendue crier au téléphone, apeurée. Elle veut repartir pour la Turquie, où Abdul Rhaman l'avait déjà emmenée quelques jours auparavant et dont elle vient à peine de revenir.

« *Cette situation va durer des années*, poursuit-il. *Pas des jours, pas des mois. Des années ! Des soldats iraniens les aident ; et les soldats du Hezbollah ; et des snipers russes.* »

- *Des Russes, vraiment ?*

« *Oui, les pilotes aussi. Et Moktada al-Sadr d'Irak. Avant, il combattait les Américains. Maintenant, il a reçu de l'argent des États-Unis et il tue des Syriens. Et, si on ne nous aide pas, tout va continuer ; les prisons, les tortures...* »

Abdul Rhaman fond en larmes ; il me demande ce qu'il doit faire. Son père est à Jisr al-Shougour, une petite ville où il est allé s'assurer de la sécurité de sa famille. Et il ne sait plus rejoindre Alep dans l'immédiat. Abdul Rhaman décide de repartir en Turquie.

Je lui promets que nous n'allons pas le laisser tomber –agir autrement eût été ignoble. Nous renonçons à partir avec la voiture de la presse et, dans un véhicule de l'ASL, j'accompagne Abdul Rhaman pour l'aider à sortir sa mère et ses deux sœurs des bombardements, tandis qu'Eduardo attend à l'hôpital.

À Hananou, c'est le chaos : les obus de mortier s'abattent sur les habitations civiles et un Mig tire des missiles ; des combattants de l'ASL tentent d'installer un canon anti-aérien pris à l'armée régulière, qu'ils ont monté sur le toit des bureaux de la poste, situés en face de l'immeuble où habite la famille d'Abdul Rhaman.

Nous escortons les trois femmes, avec l'aide d'un milicien : un paquet de vêtements ficelé à la hâte, quelques ustensiles de cuisine dans un sac de supermarché et un petit tapis, deux bassines en plastic ; c'est tout ce qu'elles peuvent emporter dans leur exil.

Nous rejoignons Eduardo. C'est l'heure des adieux : Eduardo ne peut retenir ses larmes ; moi non plus. Nous embrassons le docteur Yasser et les autres médecins ; et nous quittons Alep pour la frontière.

C'est là que nous allons nous séparer.

Je suis désolé. Abdul Rhaman ne le savait pas, mais, depuis quelques jours, alors que le gouvernement syrien bombarde désormais les populations civiles sans retenue, les Turcs ont décidé de fermer la frontière aux Syriens qui ne possèdent pas de passeport, c'est-à-dire à la grande majorité des pauvres gens qui se pressent pour fuir les combats. En effet, seuls les réfugiés issus de la bourgeoisie, qui ont loué les hôtels de Kilis, ville frontalière où plus une chambre n'est disponible, ont les titres de voyage exigés. Mais ce n'est pas le cas de la masse des villageois, dont les bourgades sont désormais également sous le feu de l'artillerie et de l'aviation du régime, et des habitants des quartiers populaires d'Alep, dont la plupart n'ont jamais quitté le pays.

Ils s'entassent dès lors à la frontière, sans aide aucune. Des miliciens de l'ASL qui gardent le poste de douane syrien nous expliquent que, hier, un groupe de réfugiés a essayé de passer en Turquie clandestinement ; ils ont été repérés par la gendarmerie turque, qui a ouvert le feu et a blessé un des malheureux. L'ASL a demandé aux autorités turques l'autorisation d'acheter en Turquie l'approvisionnement nécessaire pour nourrir et assister tous ces gens. La Turquie a refusé. Tout est fait pour renvoyer les réfugiés sous les bombes.

Le spectacle est poignant : dans la nuit noire, à la lumière des phares de notre véhicule qui avance lentement sur la route, nous découvrons des milliers de personnes, des familles, assises à même le sol, couchées sur des nattes le long du chemin ; nous avançons au milieu de cette marée humaine plongée dans le plus grand dénuement, sans eau, sans électricité, sans sanitaire, dans l'obscurité complète.

J'ai le cœur brisé : c'est là que je dois abandonner Abdul Rhaman, mon ami ; sa mère et ses sœurs n'ont pas de passeport. Nous les aidons à dérouler un tapis. Cette dame déjà âgée et ses deux filles vont s'asseoir là, désemparées.

Les adieux sont longs et déchirants. Nous lui donnons tout l'argent qu'il nous reste. Peut-être pourra-t-il payer un douanier turc. Mais nous n'y croyons pas. Il ne peut pas retourner sous les bombes, à Alep, et ne pourra pas accéder à un camp du Croissant-Rouge. Que faire ?

Je lui promets de revenir dès que je le pourrai, pour témoigner encore de la tragédie qui meurtrit son peuple ; et nous le laissons dans la misère de la guerre…

Nous traversons le no man's land. Derrière nous, les drapeaux à trois étoiles du poste frontière claquent dans le vent frais de la nuit silencieuse. Une peine immense m'étreint le cœur ; j'ai mal au ventre.

Je me retourne à plusieurs reprises; Abdul Rhaman me fait signe ; je m'éloigne et sa silhouette disparaît peu à peu dans le noir.

C'est la deuxième fois que je l'abandonne ; et je ne sais pas encore que je ne le reverrai jamais.

XIV. À l'ami perdu

Douer al-Zeitoun (28 octobre 2012) – Deux mois après avoir abandonné mon ami Abdul Rhaman et sa famille à la frontière turque, j'ai comme précédemment profité des seuls jours de liberté que m'occasionnent les congés académiques pour regagner sans plus attendre Alep, où la situation des insurgés s'est rapidement dégradée.

C'est que mes fonctions d'enseignant ne me laissent pas le loisir de couvrir le « Printemps arabe » comme je le voudrais. Bien que, à y regarder attentivement, j'ai pu sans trop de difficultés –et peut-être aussi, un peu, par le hasard des choses- être présent à chacun des moments-clefs des événements qui ont bouleversé l'Afrique du nord et le Proche-Orient, en Syrie, mais aussi au Yémen, en Tunisie, en Égypte ou encore en Libye… Et, lorsque je m'attarde à regarder derrière moi, je m'aperçois que j'ai vécu plus d'un an au diapason des révoltes et des révolutions arabes.

J'ai franchi la frontière à pied, comme en août. Mes contacts au sein de l'ASL m'attendaient pour me conduire à Alep.

Je ne pourrai plus m'établir à l'hôpital Dar al-Shifaa, m'a-t-on d'emblée annoncé ; il est aujourd'hui en ruines, et presque complètement désaffecté : on n'y traite plus que les urgences. Repéré par l'aviation du régime, il avait été régulièrement pris pour cible par les hélicoptères et les Migs, en juillet et en août, mais, depuis lors, il a subi des destructions trop importantes que pour accueillir encore les blessés de la révolution.

C'est donc dans un autre hôpital, clandestin, que nous rejoindrons le docteur Yasser ; nous : lorsque je lui ai annoncé que je repartais pour Alep, Domenico a décidé de m'y accompagner une fois encore. Eduardo n'a pas rempilé, mais, autre hasard des choses, Benoit De Freine, employé par le quotidien belge *Het Belang van Limburg*, aussi photographe free-lance attaché à l'agence *Photonews*, m'a demandé si je pouvais l'aider à entrer dans Alep et à gagner les lignes de front. Il est donc parti avec nous ; et nous essaierons de veiller chacun sur les deux autres, comme nous l'avions fait précédemment lorsqu'Eduardo était des nôtres, et de repartir sains et saufs, tous les trois.

Mais, pour l'instant, nous ne pensons pas à repartir. L'idée même me fait honte, même si je sais que, dans quelques jours, je serai obligé, pour la troisième fois, d'abandonner mes amis à leur combat, seuls, dans un monde de plus en plus indifférent à leur détresse.

On m'a aussi expliqué que je ne reverrais pas Abdul Rhaman, qui n'avait pas répondu à mes derniers courriers électroniques, ni à mes appels téléphoniques, cette dernière semaine. Je ne m'étais pas trop inquiété, car les communications avec Alep sont presque toujours coupées, sauf avec le quartier général de l'ASL, qui a monté une connexion satellitaire. Lorsque j'ai demandé de ses nouvelles, on m'a dit qu'il avait été tué par un tir de roquette, alors qu'il chargeait des blessés dans une ambulance, dans le quartier de Saïf al-Daoula…

Nous nous étions téléphoné quelques fois, depuis juillet, et j'avais bien perçu combien la tournure défavorable des événements l'affectait peu à peu. Il semblait très déprimé. Il n'était plus certain de la victoire. Il m'avait expliqué qu'il avait dû regagner le quartier d'Hananou avec sa famille : les Turcs n'ont pas rouvert les frontières aux flots de réfugiés qui s'y pressent, de plus en plus nombreux.

Abdul Rhaman avait pensé quelques temps partir pour la Jordanie ou l'Irak, dont les gouvernements se montrent plus humains ; mais, dans l'un ou l'autre cas, cela signifiait qu'il devait traverser toute la Syrie, d'ouest en est ou du nord au sud, avec sa vieille mère et ses deux sœurs. Sans moyen de transport lui étant propre et avec tous ces checkpoints de l'armée à franchir, c'était une aventure impossible à tenter.

Ils étaient donc retournés chez eux, sous les bombes…

Avant de quitter la frontière et de nous mettre en route pour Alep, nous avons visité le camp de réfugiés que l'ASL a improvisé, côté syrien. Avec l'aide de riches Syriens de la diaspora et de quelques organisations humanitaires turques, des files de tentes ont été montées ; elles s'étendent à perte de vue, jusqu'aux abords d'un champ qui se transforme peu à peu en un vaste dépotoir.

Des enfants tout crottés courent dans la boue et les familles s'entassent sous ces bâches de plastique qui constitueront un bien précaire abri, lorsque les gels de l'hiver arriveront. Déjà, les nuits fraichissent et les plus faibles se réveillent au matin, transis de froid. À heures fixes, la foule se presse à la distribution de nourriture et les petites mains se tendent pour recevoir des pommes ; les femmes emportent des galettes de pain et les hommes présentent à bout de bras de larges bassines pour recevoir la ration de riz que l'on fera cuire sur un feu de bois.

Alors que nous roulions vers Alep, nous avons traversé un petit village, dont je n'ai pas retenu le nom. Un obus d'artillerie avait frappé une maison, moins d'une heure avant notre passage.

Les bombes, elles tombent du ciel, d'autant plus nombreuses et meurtrières que l'opinion publique internationale s'intéresse de moins en moins au drame syrien.

L'horreur des corps démembrés par l'explosion, écrasés par les murs effondrés ; à peine sommes-nous arrivés que tout recommence. Pour nous… Car, pour eux, l'horreur a été quotidienne depuis le soulèvement de la province, il y a trois mois.

À regarder à nouveau ce spectacle, à l'annonce de la mort de mon ami, curieusement, c'est le souvenir du méchant mot de Jonathan Littell qui me vient à l'esprit.

Pourquoi ? Je ne sais pas pourquoi.

Tout d'un coup, je me sens mal à l'aise ; j'ai soudainement la nausée… Cet auteur au scandale facile, qui n'avait presque rien produit avant d'écrire une histoire que d'aucuns avaient d'abord qualifiée de vilain petit roman gratuitement provocateur, miraculeusement sacralisé par un Prix Goncourt, s'était brusquement piqué de la Syrie ; et, à une époque où il ne s'y passait pas encore bien grand-chose, il avait proposé ses services au journal *Le Monde*.

Littell avait passé deux petites semaines à Homs, *« caché par les rebelles »*, en janvier 2012 ; dans ses *Carnets de Homs*, publiés à son retour, il expliquait qu'il avait dû passer clandestinement la frontière et dramatisait une situation dantesque, selon lui, qui s'était en outre affublé d'un « *nom de guerre* » et se faisait appeler Abou Émir...

Or, je m'étais trouvé exactement là où il avait passé ces quelques jours, dans le même appartement, en compagnie des mêmes personnes, de Fadwa Suleiman, notamment, la porte-parole des rebelles de Homs. Je m'y étais trouvé à peine quelques jours avant l'arrivée de Littell : c'était en décembre et en janvier, bien avant que je ne fusse arrêté par les services secrets syriens et torturé dans une de leurs centrales, à Homs précisément ; et je n'en étais pas à mon premier voyage à sillonner le théâtre syrien, de Deraa à Alep et de Tartous à Deir es-Zor, sur l'Euphrate, et passant d'un camp à l'autre.

Le plus cocasse, c'est que j'avais rejoint les rebelles de Homs, à l'époque, avec une voiture, louée à Damas, seul, sans carte, sans la moindre difficulté, et sans nom de guerre… Et, si les rebelles ne m'avaient pas retenu pour la nuit, mon plan était ni plus ni moins que de faire l'aller-retour depuis Damas, où j'avais rendez-vous en soirée, pour une interview du Ministre syrien de l'Information…

Mon témoignage, ainsi, détonnait considérablement avec l'emphase déployée par le grand romancier qui, manifestement, n'avait rien compris à la situation et, du fond de son puits, tel une petite grenouille, croyait connaître le monde, alors qu'il n'avait vu que deux quartiers de Homs ; pour s'en défendre, il n'avait rien mieux trouvé que de me qualifier de « *crétin* » dans ses carnets… Probablement est-ce là ce que peut se permettre un Prix Goncourt. Je ne sais pas… Peut-être s'est-il trouvé tout marri que je lui eusse brûlé la politesse en le devançant sur le terrain, rendant sa démarche moins « originale » et dénonçant sa « mise en scène » de son propre personnage…

Je me souviens aussi que le photographe qui accompagnait Littell, un personnage obscure, m'avait appelé chez moi, un soir, très tard ; il me téléphonait de leur cachette de Homs, pour me couvrir d'insultes. C'est dommage… Littell a reproduit des bribes de notre « entretien », qu'il a « remanié » pour mieux encore me discréditer.

On me reprochera, à ces lignes, une certaine amertume ; peut-être aura-t-on raison…

C'est idiot, et je ne devrais pas même évoquer cet épisode, mais ce mot prétentieux et méprisant me transperce aujourd'hui, non pas pour moi-même, mais pour tous ceux qui gisent ici dans leur sang et leurs vomissures. Alors que j'en suis à mon sixième séjour en Syrie depuis le début de la révolution, alors que je n'ai plus rien à prouver, à personne, me semble-t-il, je ne peux cependant m'empêcher de regretter ce mépris indécent. Et je suis écœuré ; le besoin physique de vomir.

Lorsqu'une explosion assourdissante m'arrache subitement à cet état d'hébétude : le projectile n'est pas tombé très loin ; j'attrape Domenico par la manche ; nous abandonnons nos sacs à dos et sortons dans la rue en courant…

L'étau se ressert sur la révolution. Les villes et villages de la région d'Alep sont bombardés de manière beaucoup plus intense qu'en août, et ils commencent à ressembler aux ruines de Homs que j'avais photographiées en mai.

Hier, vendredi, c'était l'Aïd al-Kebir, la « grande fête », la fête la plus importante de l'Islam. On l'appelle aussi l'Aïd al-Adha, la « fête du sacrifice », ou encore la « fête du mouton », parce qu'elle commémore la soumission d'Abraham à Dieu. D'Ibrahim, en Arabe, à qui Dieu demanda de lui sacrifier son fils unique, Ismaël, selon le Coran, le fils préféré, dont descend la nation arabe -et non pas Isaac, comme le raconte le récit biblique, celui des Juifs, les frères ennemis.

Ibrahim accepta la volonté de Dieu. Il emmena Ismaël à l'écart, mais, lorsqu'il leva le couteau, l'archange Gabriel retint son bras et lui désigna un bélier, qu'il sacrifia au Seigneur.

Le nouvel envoyé de l'ONU, Lakhdar Brahimi, qui a succédé à Kofi Annan, a sollicité du gouvernement syrien et des révolutionnaires une trêve à cette occasion, un cessez-le-feu de trois jours. Le régime a accepté, l'ASL aussi, et pour cause...

Mais pas Jabhet al-Nosra : pourquoi cesser le combat ? Une lutte à mort est engagée contre la dictature, et les atrocités ordonnées par le gouvernement ont entraîné la révolution au-delà d'un point de non retour, qui interdit toute réconciliation. De son côté, le gouvernement syrien, tout en semblant vouloir faire bonne figure à l'émissaire onusien n'a jamais mis la trêve en œuvre ; les opérations militaires se sont partout poursuivies. Pour quelle raison l'eût-il promue, alors que sa puissance est de très loin supérieure à celle des rebelles ? La trêve n'eût profité qu'à ces derniers qui, à bout de souffle, militairement affaiblis par des mois de combats qui ont épuisé leurs munitions, avaient espéré quelques jours de répit.

Ainsi, la trêve n'a pas tenu une heure. A-t-elle seulement existé autrement que dans les discours et sur le papier ?

La route d'Alep demeurait donc sous le feu du gouvernement et il ne nous a pas été possible d'entrer ce soir dans la ville.

Nous avons alors gagné le village de Tal-Rafaat, que j'avais traversé en juillet. Suspendu au rétroviseur de la voiture, un porte-clefs en forme de ballon de football et une miniature du Coran. La nouvelle Syrie est bien mal partie... Nous nous arrêtons devant un bâtiment que je pense pouvoir identifier comme le siège local du syndicat des agriculteurs ; mais l'officier qui nous reçoit ne veut pas me le confirmer. C'est maintenant un des quartiers généraux de l'ASL, et le secret est de mise. J'en suis étonné, car ses amis me connaissent bien et, jusqu'à présent, on ne m'avait jamais fait de mystères.

Mais les circonstances ne sont plus les mêmes qu'auparavant. Pour arriver à Tal-Rafaat, nous avons dû franchir trois checkpoints, des chicanes sérieusement défendues : les combattants de l'ASL sont sur le qui-vive ; ils redoutent une attaque des réguliers. La région n'est plus si sûre qu'en août. Et je remarque également que les différents points de contrôle se coordonnent par talkie-walkie : un des plantons prévient le checkpoint suivant de notre arrivée. Cela aussi, c'est nouveau. Tout comme les patrouilles que nous croisons en chemin : des pick-up armés de mitrailleuses, ce qui me rappelle la Libye.

Le commandant de la place de Tal-Rafaat est très énervé ; il se demande pourquoi on nous a amené là : la place n'est pas sûre ; elle se trouve à l'entrée du village, sur le bord de la route, défendue par une impressionnante barricade de sacs remplis de caillasse. Il redoute une attaque. Les discussions vont bon train. Et le temps passe.

Il y a là un jeune homme originaire d'Amman ; c'est un Jordanien, qui nous explique être venu se battre pour aider les révolutionnaires. Il y a aussi beaucoup de très jeunes adolescents, des garçons de treize ou quatorze ans, la kalachnikov à la bretelle.

Abou Ahmed ordonne finalement qu'on nous loge ailleurs, et on nous transfère dans une ferme ; mais l'endroit est glacé : le soir est tombé, déjà, et la nuit est froide ; et l'électricité est coupée.

Nous sommes donc conduits en un autre endroit. Nous traversons Masqan, et nous poussons plus loin, en direction d'Alep.

C'est au quartier général du Conseil militaire d'Alep, que nous nous retrouvons, là où nous avions séjourné en juillet, puis en août, à Douer al-Zeitoun. Le lieu n'est plus sûr non plus. Le Conseil militaire l'a d'ailleurs évacué et s'est établi dans un autre village, dont il m'est demandé de ne pas dévoiler le nom.

Dans le sous-sol où se trouvaient le centre de communication, les bureaux et le matériel informatique, il ne reste rien ; à mon grand étonnement, le propriétaire des lieux y a installé une quinzaine de cages, dans lesquelles il élève des perruches et des canaris…

Il y fait froid, très froid. Un des miliciens apporte un peu de bois et allume dans la cheminée un feu qui nous réchauffe à peine. Tandis que j'écris ma chronique du jour, Domenico rassemble quelques idées pour son article ; Benoit passe en revue les photographies de la journée et un de nos hôtes, déroulant son tapis de prière devant le feu, frisonne en récitant les versets du Coran.

Nous partagerons autour du feu quelques œufs, du pain et des piments. Puis, chacun s'emmitouflera dans d'épaisses couvertures, et nous nous endormirons à la lueur des flammes.

Cette fois-ci, tout le monde a trouvé un matelas ; nous ne sommes plus très nombreux dans la villa. Seule y réside encore une poignée de combattants.

C'est avec l'un d'eux que, demain, à l'aube, nous entrerons dans Alep. Et je redoute ce que je vais y découvrir…

XV. Un taxi pour le front

Alep (29 octobre 2012) – Toute la nuit, les Migs ont tourné au-dessus d'Alep et le bruit sourd des bombardements ne nous a laissé que peu de répit.

Nous avons quitté l'ancien quartier général de Douer al-Zeitoun très tôt, peu avant 7h00. Et nous avons tourné un long moment dans la campagne, pour trouver de l'essence. Basil, un jeune milicien de l'ASL, qui nous faisait office de chauffeur, désespérait de s'en procurer : il a traversé Kafar Nazeh, puis Tal-Rafaat ; nous revenions ainsi sur nos pas… Finalement, dans le village de Sheikh-Haïsa, il a pu mettre la main sur un bidon, qu'un habitant exposait sur le bas-côté de la route : l'essence se vend presque à la petite cuillère ; celui qui en possède encore la cède à prix d'or, même pour l'ASL, et, heureusement, nous avions quelques billets d'euros dans nos poches. L'homme saisit un entonnoir et versa dans le réservoir ce qui restait de carburant au fond du jerricane, tandis que quelques badauds, qui s'étaient approchés du véhicule, nous saluaient du geste de la victoire en scandant, à la vue de nos caméras, « *Al-Jazeera ! Al-Jazeera !* ».

Nous pûmes ainsi rebrousser chemin et gagner Alep.

Depuis quelques jours, j'ai un mauvais pressentiment. J'en ai fait part à mes compagnons. Mais je me trompe souvent, en ce domaine…

Tout en parcourant les quelques kilomètres qui nous séparaient encore de la ville, Domenico et moi conversons à propos du désintérêt dont fait preuve l'opinion publique européenne à l'égard de la Syrie.

- *C'est incroyable*, me dit-il. *Mon journal a fait la une sur la conseillère régionale de Lombardie, parce qu'elle est lesbienne ! Sur la Syrie, il a fait une page, une page entière, sur le plus luxueux hôtel d'Alep, qui a décidé de mettre la clef sous le paillasson. Ils ont intitulé ça « le drame syrien » ! Le drame syrien !? Mais ce n'est pas ça ! Ce sont les trente-sept mille morts ! Tous les blessés, les amputés, qui resteront comme ça toute leur vie ! Vraiment, les gens qui demandent de lire ça sont incroyables !*

Nous avons retraversé Tal-Rafaat, puis Mareh, où nous avons quitté la route principale et longé une vallée baignée de brume, et Hasajeh, ensuite, un village désormais aux couleurs du PKK, le mouvement indépendantiste kurde, qui y a planté partout son drapeau.

Aux environs de la bourgade d'Hadrasset-Mouchad, Basil nous a crié soudainement « *Djeich Bashar !* » (« *L'armée de Bashar !* ») et a accéléré pour traverser à toute allure un carrefour vers lequel, au loin, avançait un convoi militaire. Je me suis accroché à la poignée de la portière et nous avons filé sans demander notre reste.

Les positions des belligérants ont beaucoup évolué depuis le mois d'août, et il nous a fallu contourner celles de l'armée régulière en effectuant un long crochet par Kafer al-Sreir, village également aux mains du PKK, avant d'entrer dans Alep via Sheikh-Najjar.

Basil nous a conduits au docteur Yasser, qui s'est replié dans un petit dispensaire, à la limite du quartier de Tarik al-Bab. S'y sont également réfugiés quelques visages du personnel de Dar al-Shifaa, que je reconnais. Dar al-Shifaa, en quasi état d'abandon, sert encore, car les morts et les blessés continuent d'affluer, dans ce petit hôpital dissimulé, dont les infrastructures ne pourront pas suffire à les prendre tous en charge.

Le docteur nous annonce la « bonne » nouvelle : il n'y a plus d'eau. Depuis cinq jours, les quartiers en rébellion ne sont plus alimentés ; et les réservoirs d'eau de pluie dont les toits de certains immeubles sont pourvus ont déjà donné jusqu'à leur dernière goutte. Les centaines de milliers d'habitants encore pris au piège dans la ville sont privés de l'hygiène la plus élémentaire. Et nous aussi.

Le docteur Yasser passe un gilet pare-balles et glisse dans sa ceinture un révolver, et nous l'accompagnons dans un petit dispensaire du Croissant-Rouge, dans le quartier de Sakhour, où l'attendent des dizaines de patients, sans eau, mais aussi sans médecin.

Il ne faut pas s'attarder dans la rue : elle aboutit en ligne droite à un quartier tenu par l'armée régulière et dont les hauts immeubles dominent le boulevard, transformé en champ de tir ; il y a quelques jours, une infirmière, qui déchargeait des caisses de médicaments, a été touchée au flanc par un tir de sniper.

Au dispensaire, je m'entretiens avec un combattant d'un groupe dont j'ignorais l'existence, Liwa al-Fatah ; dans la même veine que Liwa al-Towheed, il s'agit d'un groupe localisé à Alep, qui collabore étroitement avec l'ASL, mais n'en fait pas directement partie. Il me propose de l'accompagner, demain, dans le quartier de Midan, où les troupes gouvernementales ont incendié une église chrétienne, m'assure-t-il… Demain, inch'Allah, mais je n'y crois pas trop…

Laissant le docteur à ses patients, nous retournons à Tarik al-Bab, où nous avons appris que se trouve désormais une partie du quartier général de l'ASL à Alep, dont plusieurs autres membres se sont établis à Tal-Rafaat. J'y retrouve le Commandant Abderaouf Kraym ; il est à la tête de la liwa Thawra-Aleppia (la division « Révolution d'Alep » ; une liwa comprend plusieurs katibas). Le Commandant, alias Abou Soufian, a été gravement blessé, il y a quelques semaines, lors de l'attaque de sa voiture, près de la ville d'al-Bab ; un missile avait renversé le véhicule.

Il nous fait le point sur la situation à Alep. L'ASL se bat sur cinq fronts : le front nord-est, qui couvre les quartiers de Bustan al-Pasha, Sheikh Qudur, Suleiman al-Halaby, Midan, Sakhour, Arqub et Karm al-Jabal, qui constituent une large enclave dans la moitié nord-ouest de la ville tenue par le gouvernement. Le front ouest, où les insurgés ont repris quelques places dans le quartier de Salaheddine ; ils y affrontent aussi les réguliers dans les quartiers de Saïf al-Daoula, d'Isaa et d'al-Ameria. On se bat également autour de la Citadelle, à al-Jaloum, al-Azaza, Jdéidé et Bab al-Nasr. Les deux derniers fronts sont isolés, dans la partie nord-ouest de la ville, autour de la rue Tishreen, dans le quartier de Shar al-Nil, d'une part, et, d'autre part, dans les quartiers d'Ashrafîyye et de Bani Zed. Enfin, les rebelles essaient de s'emparer de l'aéroport international, au sud-est.

Je lui demande s'il peut m'aider à reprendre contact avec la katiba de Jabhet al-Nosra, que j'avais suivie à Saïf al-Daoula, en août. Mais le commandant semble soudainement irrité par ma requête. La lèvre boudeuse, il se tourne vers un de ses collaborateurs et lui lance un bref commentaire, dont le sens m'échappe, sur un ton ostensiblement méprisant. Les autres rigolent. Et je comprends qu'il est inutile d'insister ; Abou Kamel, qui était aussi à Douer al-Zeitoun en août, m'explique que les tensions se sont accrues entre Jabhet al-Nosra et l'ASL : Jabhet al-Nosra n'a pas accepté la trêve dont l'ASL avait besoin ; et la rupture est presque consommée entre les deux organisations…

Grâce à l'intervention du commandant, nous bénéficierons de l'aide d'un jeune milicien, Zinédine, un lycéen, qui nous accompagnera sur ces lignes de front. Le grand avantage est qu'il parle un peu le français.

Sans tarder, nous montons dans un taxi et gagnons le quartier de Sheikh Qudur. Zinédine n'est pas bien certain de la route qu'il convient d'emprunter ; notre chauffeur non plus. Au détour d'un carrefour, nous voici nez-à-nez avec une barricade ; quelques balles ricochent sur les murs des habitations qui nous entourent, tandis que le taximan recule en trombe. Quelques rues plus loin, nous descendons de la voiture, auprès d'un groupe de révolutionnaires, une katiba, que nous suivons pour nous réfugier dans un petit appartement où les hommes s'entassent ; un Mig survole le quartier. Les gars que nous rejoignons sont en plein inventaire de la pharmacie : quelques rouleaux de gaze, de l'aspirine, c'est là à peu près tout ce qui leur tient lieu de trousse d'urgence. À nos pieds, des cafards courent sur les tapis.

La seule force des rebelles, c'est qu'ils peuvent se fondre dans la population, retourner dans leur famille, et c'est aussi que le régime hésite à pousser la répression plus loin encore, par crainte de mutineries et de l'augmentation des désertions. On rapporte en effet plusieurs cas de militaires qui ont refusé de tirer sur des civils ; certains auraient même ouvert le feu sur ceux de leur régiment qui s'en prenaient à des gens désarmés, avant de rejoindre eux-mêmes l'Armée syrienne libre. Mais ces histoires ne sont peut-être que des rumeurs…

Le Mig s'étant éloigné, nous quittons notre abri et, sous la protection d'une autre katiba, nous commençons à arpenter le boulevard qui mène à la ligne de front tout en rasant les murs et les ruines pour éviter autant que faire se peut d'être pris pour cible par un sniper embusqué. Tout autour de nous, dans le quartier, on entend les grondements sourds et les craquements des explosions. Ce sont des tirs d'artillerie, qui proviennent d'assez loin.

A plusieurs reprises, les miliciens nous conduisent à l'intérieur de bâtiments désertés ; nous gravissons les marches quatre à quatre pour les suivre aux étages : des trous de la dimension d'une soucoupe ont été percés dans les murs ; ils servent aux snipers de la rébellion, qui dominent ainsi les positions de l'armée régulière. Mais le procédé n'est pas une sinécure : un milicien jette un œil par une de ces ouvertures ; au moment où il se retire, une balle traverse la meurtrière et se fiche dans le mur situé derrière nous. Les snipers ennemis sont très précis.

Me risquant à regarder moi-même, j'aperçois une douzaine de corps, qui gisent au milieu de la rue située en contrebas de l'immeuble, des civils, des femmes, dont il n'est pas possible de récupérer les dépouilles. On me conseille de ne pas m'attarder à observer le champ de bataille, mais d'utiliser ma caméra et de me servir de l'écran latéral ; je dois en outre filmer couché : lorsque les snipers repèrent l'objectif d'une caméra, ils tirent parfois à côté du trou, pour atteindre le caméraman ; les minces parois de béton des habitations d'Alep ne résistent pas toujours aux balles des armes de guerre.

Les hommes de Liwa al-Towheed qui nous encadrent ne répliquent pas aux tirs de l'armée régulière. Eux, affirment-ils, ils respecteront la trêve jusqu'au bout ; l'honneur de la parole donnée. Est-ce à cause de notre présence ou sont-ils sincères ? Le fait est que, partout où nous irons, les combattants qui se sont engagés, aux côté de l'ASL, à accepter la trêve de trois jours pour l'Aïd al-Kebir n'ouvriront pas le feu.

Avant de quitter la katiba al-Sultan Ahmed al-Fatah, j'interroge rapidement son commandant, Abou Abdou, un tisserand qui a délaissé son métier pour la révolution.

Je lui pose ma question rituelle : où se procure-t-il des armes ? Où peut-il encore en dénicher, alors que le conflit dure depuis des mois ?

Confirmant ce que je sais par maints témoignages déjà recueillis, Abou Abdou m'explique que beaucoup d'officiers subalternes de l'armée régulière, dont les salaires sont dérisoires, complètent leurs fins de mois en alimentant un trafic d'armes à partir des arsenaux du régime. Il me montre ses armes ; des kalachnikovs et rien d'autre ; deux chargeurs par homme ; et il se plaint de ne recevoir aucune aide de l'Europe. « *Je prie pour que les Français nous aident*, conclut-il. *Parce que, sans cela, si le monde ne veut pas aider l'Armée libre, ce sera très difficile de gagner…* »

Je m'intéresse aussi à la composition de sa katiba : tous les hommes sont issus du quartier.

Revenant en arrière, nous retombons sur la katiba qui nous avait accueillis à Sheikh Qudur ; et j'y repère un jeune homme, habillé du vêtement traditionnel, la galabia, que portent généralement les djihadistes islamistes. J'interroge aussi son commandant, Abou Yaâroub. Il vient de Hama ; certains de ses hommes sont de Homs ou de Hama, comme lui… Le jeune « djihadiste » est aussi de Hama. Les membres de la katiba qui ne sont pas originaires d'Alep sont venus porter main-forte à la révolution. Ils forment un groupe indépendant, me dit-il. Certains portent cependant l'écusson de l'ASL, le drapeau à trois étoiles. Mais l'on m'explique que c'est devenu le symbole de la révolution, et que beaucoup de combattants l'ont adopté.

Je m'adresse au jeune « djihadiste » ; je veux savoir pourquoi il s'est habillé ainsi et ce qu'il pense du sheikh Adnan al-Arour, un wahhabite des plus radicaux, qui, de retour de son exil saoudien, finance les islamistes et appel à passer au hachoir tous les Alaouites qui soutiennent le régime. « *J'aime le Prophète Mohammed et je veux vivre comme lui* », me répond-il ; et il ajoute qu'al-Arour est un modèle à suivre ; mais il est immédiatement interrompu par ses compagnons d'armes : pour eux, al-Arour a le droit de participer à la révolution, en tant que Syrien, mais c'est tout. La révolution appartient à tous les Syriens, insistent-ils, qu'ils soient Alaouites, Sunnites, Chrétiens… La majorité des Chrétiens veut rester neutre ; mais certains aident les révolutionnaires. « *Les Syriens doivent s'unir, parce que l'Europe et l'Amérique appuient Bashar ; comme Israël, parce qu'elle a peur de nous, comme la Russie et l'Iran ; et comme ceux qui se font appeler le Hezbollah* (le parti de Dieu), *mais qui sont le parti de Satan.* »

La lumière baisse et nous prenons congé pour rejoindre le quartier de Karm al-Jabal, qui jouxte celui de Tarik al-Bab. Notre taxi nous dépose à proximité de l'hôpital Dar al-Shifaa, mais, le jour déclinant, nous n'avons pas le temps d'y faire un saut et descendons l'avenue jusqu'au rond-point de Shahar, où, en juillet et en août, se tenait un vaste marché, qui nous avait fourni en pain et olives, le seul repas que nous pouvions composer, une fois par jour ; nous nous en plaignions, mais il nous serait festin, aujourd'hui.

Arrivé en bas de l'avenue, Domenico est saisi d'effroi. « *Mais... C'est la fin du monde, ici ; c'est comme à Salaheddine, en juillet ; c'est même pire.* » Je suis moi-même impressionné par les dégâts : pas un des immeubles qui bordent le boulevard al-Bab Allah, à la limite entre Tarik al-Bab, Shahar et Karm al-Jabal, n'est intact. Tout a été détruit par les bombardements intenses qui ont anéanti le quartier de Karm al-Jabal. Je n'exagère pas : Karm al-Jabal est en ruines. Zinédine nous raconte le bombardement par des Migs. Il vivait avec ses parents à Karm al-Jabal, où nous pénétrons, tandis que des tirs d'artillerie achèvent d'en faire crouler les derniers pans de mur encore debout et que les snipers des deux camps s'y font mutuellement la chasse.

Nous suivons l'un d'eux, Abou Jeemaâ, qui combat avec un groupe indépendant –un de plus-, Liwa Amr Ibn al-Ars, et qui nous emmène au plus près de la ligne de front, à la hauteur de la mosquée al-Isra. Le spectacle est stupéfiant ; même à Syrte, en Libye, ville martyrisée par les bombardements de l'OTAN, je n'avais rien vu de tel.

La nuit tombe ; se déplacer dans ces ruines est devenu beaucoup trop dangereux et nous quittons les lieux ; et je pense aux milliers de personnes qui vont bientôt devoir affronter l'hiver… Nous repassons par le rond-point de Shahar, où se trouvait aussi un poste de l'ASL ; il est désert ; en guise de barricade, un autobus a été renversé à l'entrée de l'avenue qui mène à Karm al-Jabal. Mais personne ne le garde. Ici aussi, les rebelles ont perdu la partie. Ils reculent partout et l'hiver viendra comme le meilleur allié de Bashar al-Assad, meilleur que les États-Unis, l'Europe et la Russie réunis.

Nous remontons vers l'hôpital Dar al-Shifaa. Nous y retrouvons Medyan Dairieh, un journaliste d'al-Jazeera, qui nous avait servi d'interprète, ce matin, auprès du Commandant Abderaouf Kraym. Domenico et Benoit s'arrêtent auprès de lui, pour partager un thé, dans l'une des rares officines encore ouverte.

Quant à moi, je poursuis jusqu'à Dar al-Shifaa ; je ne sais pas où nous allons dormir, ce soir, ce que nous mangerons. On n'avait pas exagéré les faits : l'hôpital a de nouveau été bombardé, et il n'est plus possible d'y résider. C'est en outre tout le quartier qui a trinqué. Plusieurs immeubles sont éventrés, certains se sont effondrés.

Je vais annoncer la nouvelle à mes compagnons ; et je profite un instant de la chaleur du thé ; je suis fatigué ; je voudrais une douche et une couchette.

- *Un signe que le monde change*, me chuchote Domenico, *c'est que les rebelles, ici, s'intéressent aux médias et à la publicité qu'ils peuvent leur apporter. Mais pas aux médias européens. Ils ne font rien pour nous : nos petits journaux ne représentent plus rien. Ils sont dépassés, inutiles ; et plus personne ne les lit. Ils font tout pour eux*, poursuit-il en désignant Medyan d'un signe de tête, *pour al-Jazeera, pour al-Arabya… C'est la vraie revanche des Arabes. C'est la même chose en Somalie, tu sais.*

Partout ! Avant, quand on arrivait, on était reçu d'une manière extraordinaire. Maintenant, ils s'en foutent. Les Arabes, eux, ils lisent les journaux, et de plus en plus...

Je l'écoute sans plus réfléchir ; il faut retourner auprès du docteur Yasser et trouver une solution pour passer la nuit en sécurité.

En chemin, nous dînons de quelques biscuits salés et d'un soda, achetés dans une épicerie désachalandée. Et nous trouvons refuge au quartier général, où on nous prête un matelas et une couverture.

Deux plantons vident les radiateurs pour récupérer un peu d'eau.

Et le roulement des bombardements commencent. Tous les soirs, depuis quelques semaines, les quartiers rebelles sont tous bombardés, sans distinction, dès la tombée de la nuit, quand les journalistes ont regagné la Turquie ou les villages plus au nord.

Ce sont bien les derniers vers du dernier acte du « Printemps arabe », que l'on chante aujourd'hui à Alep.

XVI. Alep, ville en guerre

Alep (30 octobre 2012) – Ce matin, nous quittons le quartier général de l'ASL pour Dar al-Shifaa.

Benoit n'a pas l'air très en forme. Il semble très préoccupé, contrarié peut-être. Son regard est sombre ; et il reste un peu à l'écart. Je crois qu'il a quelque chose à dire.

Je le prends par l'épaule et je lui propose de faire le point. Il me remercie d'avoir accepté qu'il m'accompagne dans ce voyage, mais reconnaît qu'il a un gros problème : il me trouve imprudent ; où, plus exactement, ce que nous faisons ici lui semble très dangereux, et ça lui fait peur.

J'avais bien remarqué, hier, qu'il avait paniqué un peu sur la ligne de front, à Sheikh Qudur.

Il est aussi inquiet de ma façon d'interroger les combattants, d'interviewer les chefs des katibas ; il pense que je suis trop insistant, quand la réponse ne vient pas, quand ils tournent autour du pot et qu'il est clair qu'ils ne veulent pas se livrer. Il craint que ça finisse par nous attirer des ennuis, que quelqu'un se fâche, à l'occasion, et qu'ils s'en prennent à nous.

J'essaie de le rassurer au mieux, mais je ne sais quoi lui dire : effectivement, ce que nous faisons est dangereux ; je le lui avais expliqué, bien sûr, lorsqu'il m'avait demandé s'il pouvait se joindre à moi. Mais le vivre et en parler autour d'un apéritif, à une terrasse bruxelloise, c'est évidemment un peu différent. Je tente également de lui faire comprendre que, pour déchiffrer cette révolution d'une complexité extrême, on ne peut pas se contenter de faux-semblants, de prendre des photos ; il faut impérativement tirer les vers du nez à chacun et à chaque rencontre. Nous verrons bien comment il encaissera la journée…

Tout est changé à Dar al-Shifaa ; je n'y reconnais plus personne, pas plus qu'hier soir.

Zinédine nous accompagne aujourd'hui encore. Nous nous renseignons chacun de notre côté à propos de mon ami Abdul Rhaman. Quelqu'un nous dit qu'il n'est pas mort, qu'il s'est réfugié dans son village, hors d'Alep. Mais ça n'a pas de sens ; il vivait avec sa famille dans le quartier d'Hananou et, quand elle avait dû fuir, c'est à la frontière turque qu'elle était partie, pour les camps, pas dans la campagne…

Nous repartons pour Karm al-Jabal. Le jeune Abou Jeemaâ, que nous avions suivi hier, nous a proposé de l'accompagner dans sa mission de sniper.

Auparavant, nous nous arrêtons devant la mosquée al-Nour al-Shadaâ (« la lumière des martyrs »), qui a été touchée par les bombardements. Le minaret se dresse encore au milieu des gravats. Un vieil homme, seul, dans ce décor surréaliste, a déroulé son tapis de prière et s'est agenouillé dans la grande salle, entouré des débris de vitraux et des éclats de pierre qui couvrent le sol. Il chuchote sa prière ; un moineau traverse l'espace et se pose pour chanter. Nous ne voulons pas les déranger et sortons discrètement.

Quelques rues plus loin, je croise un autre vieillard, accroupi sur le trottoir, qui mange à même le béton une galette de pain et quelques légumes. Probablement n'a-t-il plus de famille qui puisse le prendre en charge. Beaucoup de gens ont perdu leur logement ; heureusement, dans ce monde-ci, la solidarité familiale, jusqu'entre cousins éloignés, s'exprime très concrètement. Mais les personnes âgées qui ont tout perdu dans les bombardements et n'ont plus de proches sur lesquels s'appuyer se retrouvent à la rue.

À Karm al-Jabal, j'échange quelques mots avec Abou Jaâbar, qui commande la katiba al-Tahrir. Elle fait partie de Liwa al-Towheed ; encore une fois, ce sont ses katibas qui combattent sur les fronts les plus dangereux.

Il était lieutenant-colonel dans l'armée régulière, mais a déserté lorsqu'on lui a ordonné d'ouvrir le feu sur des manifestants. Il se bat ici, parce que c'est son quartier ; sa famille y a une maison ; sa famille, il l'a mise à l'abri chez des amis, à quelques rues de là, dans le quartier de Tarik al-Bab.

Je lui demande comment il se fait que le gouvernement n'a pas déjà rasé les quartiers rebelles : cela fait des mois qu'il aurait pu employer toute son aviation et réduire en poussière la moitié sud-est d'Alep. Sa réponse est cinglante : « *Les militaires sont des hommes, ce sont des Syriens, comme nous ; ils refuseraient de faire une chose pareille. Le régime se défie d'une partie de son armée. Il sait qu'il ne peut pas aller trop loin dans ce qu'il lui demande.* »

Pendant que nous discutons, Abou Jeemaâ fait son apparition. Nous allons le suivre pendant près d'une heure, à travers le quartier, jusqu'à la ligne de front où l'attend son poste.

C'est une ville dévastée et vidée de ses habitants que nous traversons, un vaste champ de ruines, à perte de vue. Nous passons d'une maison à une autre par les embrasures ménagées dans les murs. Parfois, nous traversons une ruelle. Abou Jeemaâ nous précède alors, pointant son fusil dans une direction, puis, s'approchant prudemment de l'angle de la rue, il vise soudainement une cible potentielle.

- *C'est Stalingrad !*, s'exclame Domenico.

C'est Alep, une ville en guerre…

Après avoir parcouru quelques centaines de mètres en suivant les rues, avec la peur permanente de snipers qui se cacheraient dans les carcasses de ces immeubles abandonnés qui se surplombent les uns les autres et dont les ombres s'étendent en une jungle de béton et de ferraille, nous entrons dans le ventre du monstre : nous poussons la porte d'une petite cour intérieure, tout en levant les yeux vers les toitures, et pénétrons dans la maison par une chambre à coucher ; les malheureux qui vivaient là ont tout laissé derrière eux : les portes entrouvertes de la penderie révèlent de longues robes blanches et ocres, quelques pantalons, des chemises d'homme…

Les rebelles, en guise d'escalier, ont poussé l'un contre l'autre le lit matrimonial, qui sert de marchepied, et un lit d'enfant, plus haut, pour atteindre une ouverture, percée dans le mur, un peu en hauteur, et qui donne accès à une autre pièce, à une autre maison, elle aussi ruinée, puis à une autre cour, rehaussée par la margelle de son puits, en pierre finement sculptée, et des jasmins, encore en fleurs et qui embaument dans cet espace clos. Sur la cour, s'ouvrent plusieurs chambres ; toutes sont encore meublées. Les habitants n'ont manifestement pas eu le temps d'emporter beaucoup de leurs effets.

Nous poursuivons en empruntant une cage d'escalier, dans laquelle nous croisons un groupe de combattants, qui marchent dans le sens opposé au nôtre, et nous ressortons par une porte pour nous faufiler quelques minutes durant dans un entrelacs de ruelles –il faut faire attention, regarder derrière soi, se méfier des fenêtres, des toitures, ne pas trébucher sur les gravats-, avant de sitôt entrer dans un autre patio, dans une autre bâtisse.

Ici un ventilateur monté sur un haut pied, là une petite balançoire toute tordue, des plantes en pot qui n'ont plus été arrosées depuis deux mois, desséchées, des coussins recouverts de tissus chatoyants, une mobylette… Les portes des pièces qui entourent la cour sont agrémentées de petits carreaux de verre, tous brisés. Nous entrons dans l'une d'elles : les meubles y sont désarticulés, le lustre, effondré, et des passages ont été creusés dans trois parois. Nous suivons Abou Jeemaâ, qui nous indique lequel emprunter pour ensuite passer d'une salle à l'autre, qui se succèdent en enfilade, et traverser cette grande demeure un peu partout démolie. Un petit salon retient mon attention, alors que nous franchissons un étroit patio : des fauteuils en bois doré, tendus de toile fleurie, semblent attendre les invités ; sur la table basse, des tasses à café et des assiettes à dessert sont soigneusement disposées, sous une épaisse couche de poussière.

Je filme en continu ; je ne sais pas encore si je réaliserai un second documentaire sur la bataille d'Alep, mais je filme tout cela. Eduardo n'est plus avec moi, pour tenir la caméra ; Benoit prend des photos ; il doit gagner sa vie.

Encore quelques ruelles aux murs criblés par la mitraille et les shrapnels… Au fond d'une impasse, deux rebelles nous font signe depuis la hauteur d'une terrasse ; deux snipers qui interdisent l'accès au boulevard. Je leur réponds... Quelques demeures violées pour la énième fois, quelques salons, salles de bain, chambres à coucher… et, par un trou de plus, nous débouchons dans l'entrepôt d'une filature, où je manque de peu de m'affaler sur le sol, lorsque mon pied se pose sur les bobines qui recouvrent le plancher et roulent à mon passage.

Les machines sont toujours là, entre lesquelles les miliciens ont étendu leurs couchettes et improvisé un campement.

Sans nous en rendre compte, nous sommes en première ligne, la ligne de front. Derrière le mur, derrière les fenêtres de l'immeuble voisin, il y a les soldats de Bashar al-Assad.

Les combattants de Liwa al-Towheed ont poussé quelques caisses le long d'une paroi de ce haut hangar, en une sorte de rampe qu'ils gravissent pour atteindre les ouvertures depuis lesquelles ils tirent sur ceux qui, en face, procèdent exactement de même.

Ce n'est ici qu'une des nombreuses katibas qui affrontent sur ce mode les forces gouvernementales, un point d'une longue ligne sur laquelle les deux camps se défient, avec pour celui du gouvernement l'avantage, lorsqu'une position ennemie est repérée, de lui dépêcher un Mig ou un hélicoptère, qui l'anéantira au moyen d'un missile ou d'une ou deux roquettes.

Abou Jeemaâd est très fier de nous montrer son talent. Il s'installe sur les caisses empilées et s'assure qu'il y a bien toutes ses aises, avant d'introduire le bout du canon de sa Draganov dans la meurtrière et, l'œil rivé à la lunette, d'appuyer sur la gâchette, faisant détonner son arme, dont les tirs raisonnent très bruyamment dans l'entrepôt.

À chaque coup, il serre les dents. La riposte ne se fait pas attendre. Et il faut s'éloigner de l'ouverture pour éviter les éclats de béton qui fusent à l'impact d'un projectile ennemi.

Prudemment, je tends la caméra vers la meurtrière ; l'objectif effectue sa mise au point et, en un instant, je découvre l'ampleur de la désolation. De l'autre côté de ce mur, c'est un océan de ruines qui s'étale, dont on ne peut percevoir les contours, immense ; c'est une mer démontée par la tempête de la guerre, choquante, indécente, vulgaire.

Sortant d'un autre trou, venant d'on ne sait où, un autre groupe de combattants fait son entrée dans l'entrepôt, puis un autre... C'est une toute autre forme de guerre qui se pratique à Karm al-Jabal, une guerre presque souterraine. La bataille d'Alep concentre tout ce que la guerre peut avoir généré de ressources, d'imagination, d'horreur.

Nous ne nous attardons pas et partons pour un autre poste de tir. À travers la toiture crevée d'une maison par laquelle passe notre route, on entrevoit un haut minaret tout grêlé par les bombardements. J'y aperçois un sniper, caché derrière ce qui reste de la rambarde du balcon auquel se penchait autrefois le muezzin pour appeler à la prière depuis ce perchoir. Je ne sais pas s'il s'agit d'un révolutionnaire ou d'un soldat du régime...

Une brusque explosion ébranle le quartier. Des débris dégringolent des étages et des toits, çà et là, des nuages de poussière, qui se répandent en nappes au-dessus des pavés... Un Mig a lancé un missile sur la terrasse où s'étaient embusqués les deux snipers. La façade n'est plus que flammes et fumées. Le Mig a atteint son objectif ; les deux combattants sont morts. Pas « d'Allah Akbar », cette fois.

Mais la réplique est immédiate. Les miliciens qui nous ont accompagnés nous proposent de les suivre. Nous arrivons dans une cour sous le feu d'un sniper du régime. Benoit est un peu déstabilisé ; et je lui conseille de rester à l'abri avec Domenico. J'accompagne deux des rebelles. Ils ont préparé un bâton de dynamite ; l'un d'eux y enfonce une mèche à poudre. Ils ont aussi des canettes, emplies d'explosif « *fabriqué dans la cuisine*, m'expliquent-ils, *à base d'engrais chimiques* »...

Nous traversons la cour sous les tirs, jusqu'au pied du mur qui soutient une terrasse ; c'est au fond de cette terrasse qu'est posté le sniper, caché derrière l'une des fenêtres de l'immeuble qui la surplombe. Les miliciens me font signe de les suivre et gravissent les marches d'un escalier de pierre qui mène à la terrasse. Je monte quelques marches ; il faut courir, traverser la terrasse jusqu'au pied de l'immeuble. C'est un peu trop pour moi ; je m'arrête là. Je tends le bras, caméra au poing, jusqu'au ras du sol de la terrasse. Et je filme la scène.

Un des deux gars allume la mèche et ils foncent ; le sniper tire. Ils parviennent au pied de l'immeuble, lancent l'explosif et se sauvent. Tout éclate ; des débris déchirent l'air. Bien faible riposte…

Une demi-heure plus tard, nous arrivons auprès de deux autres katibas, qui tiennent une position plus exposée. Ce sont les katibas Ibad al-Rhaman et Mou Aouia ben Abi Soufian, commandées respectivement par Abou Jeemaâ (un autre Abou Jeemaâ) et Abou Hassan, également membres de Liwa al-Towheed. Comme partout, je jette un œil à l'armement. Rien de particulier ; je cherche, je cherche, mais pas un fusil britannique, français ou états-unien, pas une cartouche qui n'ait été prise à l'armée du régime.

Ici, l'ennemi est à quelques mètres, de l'autre côté d'une courette. On peut presque le toucher, on peut le voir remuer, par un petit espace, entre deux sacs de sable.

Nous poursuivons dans le quartier de Karm al-Jabal ; et nous rentrons à Tarik al-Bab. En chemin, dans les ruines de la ville, nous marquons une halte dans une maison bombardée.

- *C'est ma maison ; c'était chez moi, ici*, nous apprend Zinédine.

Il ouvre une banquette-coffre, en sort quelques vêtements ; d'un petit placard mural, il emporte deux livres, dont un dictionnaire *Larousse*. Il essaie de ne pas le montrer, mais il sanglote. « *Ils ont détruit mes souvenirs* », nous dit-il. Sur le mur, la photo de son père et celle de son grand-père. Une horloge, dont les aiguilles continuent de tourner ; le temps passe et la ville s'écroule quartier par quartier. Nous partons.

Le jeune sniper Abou Jeemaâ nous offre le thé chez lui ; il y a là d'autres jeunes gens, qui rigolent, qui chantent. Mais les visages sont marqués. Deux des garçons se partagent un tapis de prière et demandent l'aide de Dieu, tandis que canons et mitrailleuses crèvent le silence des ruines de Karm al-Jabal. C'est dur pour nous, mais nous pouvons nous extraire de tout cela en quelques jours au plus. Pas eux.

Avant que le soleil soit trop bas dans le ciel, nous remercions nos hôtes. Il faut se déplacer très rapidement vers Jdéidé, où j'espère retrouver le Commandant Khatab et faire le point sur la situation dans cette partie de la ville.

Mais la configuration des positions a beaucoup évolué ; je ne reconnais pas les lieux où nous emmène Zinédine, mis à part à Bab al-Nasr. La rue al-Qouatli y est toujours sous le feu des snipers du régime ; il faut, comme en août, la franchir en courant. Cela devient une habitude ; ça semble de plus en plus facile, trop facile… Nous sillonnons un moment le vieux souk. Contrairement à ce qui a été souvent annoncé, il n'a pas complètement brûlé ; ce patrimoine mondial de l'Humanité, le vieil Alep, demeure en grande partie intact, au contraire, protégé par les katibas des quartiers qui interdisent le pillage et veillent sur ce gage d'avenir.

Et nous traversons le large boulevard Sabah Bahrat ; les rebelles ont tendu une longue bâche d'un côté à l'autre de la rue, attachée avec des cordes aux piliers des portiques qui la bordent. Ainsi, il est possible de passer d'un trottoir à l'autre sans être vu des snipers. Il vaut cela dit tout de même mieux courir ; et baisser la tête, surtout lorsque l'on arrive au milieu du boulevard et qu'il faut franchir la berme centrale. À cet instant-là, on est à découvert, car la bâche n'est pas assez haute.

Nous n'irons plus bien loin : le soir tombe peu à peu et, à l'intérieur des souks, aux ruelles étroites et parfois couvertes, la pénombre vire maintenant à l'obscurité ; il est plus prudent de rebrousser chemin. Dans le quartier d'al-Farafra, nous atteignons la ligne de front : ici aussi, on avance à travers les habitations dont les murs ont été percés, à travers les palais meurtris de l'Alep médiévale. La peur des snipers est omniprésente.

Nous nous arrêtons à une barricade qui met un terme à notre progression. Une vingtaine d'hommes sont stationnés là, sous les ordres du Commandant Ahmed Khalil. Ce pâtissier de profession est à la tête de la katiba Oussoud Allah (« les lions de Dieu »), rattachée à Liwa al-Towheed. Plus loin, nous échangeons encore quelques mots à peine avec le commandant d'une katiba de Liwa al-Oumawiyin, un groupe indépendant de l'ASL, un de plus, encore… Et nous retraversons le boulevard. Quand vient le tour de Benoit, il s'élance, mais peine à gravir le terre-plein sans relever la tête ; il a été repéré : trois coups de feu rapprochés trouent la bâche, tandis qu'il achève sa course.

Zinédine n'est plus très certain des ruelles qu'il faut suivre pour sortir de ce labyrinthe. À l'approche d'un carrefour, il nous fait signe de nous arrêter. J'ai reconnu la route ; c'est celle que j'avais empruntée avec Eduardo, en août. Mais, cette fois, face à nous, de l'autre côté de la rue, une grande pancarte averti le passant : « *Sniper à droite !* »…

Nous sortons du dédale. Par un coup de chance, nous croisons la katiba du Commandant Khatab, qui revient de mission. Il me reconnaît et, de toute sa hauteur, se penche sur moi, me serre dans ses bras immenses et m'embrasse sur les deux joues. Sa barbe fournie est soyeuse, et j'ai soudain l'impression de faire la bise au Père Noël…

« *Mâfi taxi !* »

C'est donc dans la benne d'un pick-up de l'ASL qui passait par là que nous nous dirigeons en direction de Karm al-Jabal et de Tarik al-Bab. Dans le clair de la pleine lune que barre seulement la silhouette noire d'un minaret, un large panache de fumée s'élève au loin.

De retour au dispensaire, le docteur Yasser nous apprend qu'Abou Soufian, le Commandant Kraym, a disparu depuis hier soir…

Un peu après 20h00, une série d'explosions se font entendre au sud-est ; l'ASL a lancé une vaste attaque sur l'aéroport international. Une grande effervescence anime le quartier général ; les katibas de toutes obédiences s'y succèdent, reçoivent les ordres et repartent au combat.

Est-ce en représailles ou est-ce prévu de longue date ? Des bombardements à l'aveugle frappent plusieurs des quartiers en rébellion. Ils sont beaucoup plus intensifs que d'ordinaire. Les femmes et les enfants des familles de combattants réfugiées ici sont mis à l'abri dans les caves. Benoit panique un peu.

Je filme ces scènes d'ébullition, lorsqu'un des membres du staff de commandement me demande de ne pas filmer dans la direction de l'arrière-cour du bâtiment, vers laquelle j'avance. Je l'interroge sur les raisons de cette consigne. Il refuse de m'en dire plus. J'insiste. C'est toujours une fin de non-recevoir. Je reviens à la charge une troisième fois…

- *Ne demande plus rien à ce sujet*, me répond-il sur un ton presque menaçant, tout en me faisant reculer. *À toi, on en a déjà dit beaucoup, et tu sais bien pourquoi, mon ami. Alors, ne prends pas le risque de fâcher des gens de l'Armée libre*.

Le message est clair ; j'enrage, mais je dois laisser tomber.

Je porte donc mes pas ailleurs, vers le hall d'entrée, où des dizaines de miliciens s'activent dans le plus grand désordre. Leurs commandants sont aux prises les uns avec les autres, dans le bureau de l'état major. Ça gueule littéralement. L'attaque sur l'aéroport est en train d'échouer et ils ne savent plus que faire.

Toujours avec la caméra au poing, je sors du quartier général ; sans crier gare, un Mig tire une rafale sur la route, devant nous, et largue trois missiles ; les explosions provoquent l'affolement des miliciens, qui se ruent vers l'intérieur du bâtiment. Plusieurs trébuchent et tombent, bloquant l'entrée.

C'est ainsi comme un parfum de débâcle qui flotte ce soir dans l'air vicié du quartier général de l'Armée syrienne libre à Alep…

XVII. La mort du pauvre

Alep (31 octobre 2012) – Départ pour Bustan al-Pasha, quartier de la ligne de front, en partie chrétien, à côté du quartier de Midan, que se disputent les belligérants, dans le nord-est de la ville.

Domenico quittera la Syrie dans quelques heures. Il n'est venu à Alep que « *pour le plaisir de voyager à nouveau en ma compagnie* », m'a-t-il dit. J'en ai été honoré et touché. Mais il semble que les opérations vont commencer au Mali, où l'armée va essayer de reconquérir le territoire abandonné aux djihadistes d'al-Qaeda. Domenico a d'excellents contacts parmi les Touaregs, qui croisent dans le Sahara, « caravanant » entre le Niger, le Nigéria et le Mali ; et il espère bien entrer suffisamment loin à l'intérieur du pays pour savoir exactement ce qui s'y passe et se faire une idée précise de la réalité des forces en présence. J'espère l'y rejoindre en décembre…

Je pars donc pour Bustan al-Pasha avec Domenico et Zinédine. Benoit préfère prendre un autre chemin : nous en avions discuté la veille ; ce que nous avons accompli jusqu'à présent lui semble réellement trop dangereux. Or, hier, au quartier général, il a discuté toute la soirée avec Steven, un photographe freelance, comme lui, un États-unien, mais qui se fait passer pour un Italien, pour éviter les problèmes… C'est un grand gars costaux, la quarantaine, les cheveux blonds en queue de cheval, un type qui sait ce qu'il veut. Un peu trop « américain » pour moi, enfant du vieux monde ; mais il est d'un caractère solide et résolu, un compagnon fiable, donc, ce qui me semble précieux, du fait des circonstances… Steven vit avec une katiba de Liwa al-Towheed, qui le pourvoit en tout ce dont il a besoin.

Youssef, un membre de cette katiba, accompagnait Steven ; ils étaient venus au QG pour bénéficier de la connexion internet. Youssef nous a expliqué que, le lendemain, son groupe allait mener une attaque sur la route de l'aéroport, dans le sud-est, et que nous pouvions les accompagner ; ils nous installeraient dans un immeuble, d'où nous pourrions tout voir, mais en étant à l'abri, et filmer avec le zoom. Comme ils repasseront par le QG avant l'attaque, nous avons la nuit pour nous décider.

Benoit pense qu'il sera plus en sécurité avec eux, tout en pouvant faire de bonnes photos, et veut les attendre. C'est sa première guerre. Il avait bien passé un certain temps à Gaza, en Palestine, mais dans une période d'accalmie. Je m'organise donc avec lui et nous fixons un rendez-vous, à ce soir, à l'hôpital Dar al-Shifaa : je rejoindrai moi aussi la katiba, mais pas ce matin.

En chemin, nous demandons à Zinédine si l'attaque d'hier soir, sur l'aéroport, a réussi ; il nous répond que non et que l'ASL s'est repliée sur ses positions.

À Bustan al-Pasha, le Commandant Abou Omar nous accueille. Il est à la tête de la katiba Guraba al-Sham, de Liwa al-Fatah, une organisation de combattants que je n'avais pas encore rencontrée.

Pour gagner la ligne de front, qui s'enfonce dans le quartier voisin de Midan, nous parcourons le long boulevard Dar al-Ajaza, qui le borde : toutes les rues latérales, qui aboutissent au boulevard, sont sous le feu de snipers du gouvernement ; et nous traversons les intersections les unes après les autres en courant, comme l'on joue à la roulette russe…

Tout au bout du boulevard, un checkpoint marque la fin de la zone contrôlée par l'ASL. Au-delà, c'est le pont qui mène au quartier kurde de Sheikh Maqsoud ; cette partie de la ville est aujourd'hui sous le contrôle du PKK, le mouvement kurde indépendantiste qui crée tant de soucis aux autorités turques. Ici, il est courtisé par tous les camps ; et le quartier a de fait le statut de « ville ouverte ». Plus précisément, le PKK n'y combat ni l'armée régulière, ni l'ASL ; la section locale du mouvement indépendantiste a fait de Sheikh Maqsoud une zone neutre, où les belligérants sont tenus de bien se comporter et où la population kurde est dès lors protégée.

Abou Omar nous confie à un autre commandant, Abou Ahmad, de la katiba Mouatassam Bilaâ, de Liwa al-Fatah également. Avant de gagner la ligne de front, Abou Ahmad tient à nous montrer quelque chose… « *Vous êtes chrétiens* », nous dit-il, l'air malicieux… « *Alors, venez voir…* » Et nous entrons dans un bâtiment en grande partie ruiné par des tirs d'artillerie : « *C'est l'armée de Bashar qui a fait ça, il y a deux jours* », affirme-t-il. C'était une église et une maison de retraite pour les Chrétiens. Un vieillard s'avance vers nous et confirme ses dires. Il parle le français ; c'est un Chrétien arménien.

Dans le cœur de la chapelle de cet hospice complètement dévasté, des bagages sont alignés, des valises, mais aussi de gros balluchons, des vêtements enveloppés dans des draps de lit. Le vieil homme nous explique que l'ASL a relogé les pensionnaires de la maison de repos en un autre lieu et est en train de transférer leurs effets personnels.

On nous montre les icônes de la Vierge Marie et de Saint Paul, protecteur du lieu, une petite crèche, dans un coin. Une haute stèle de marbre, dans l'entrée de l'hospice, rappelle qu'il fut restauré en 1962, avec des fonds du Haut Commissariat aux Réfugiés des Nations unies et de la Fondation Calouste Gulbenkian.

Suivant le commandant, après qu'il nous a assuré que l'ASL aimait beaucoup les Chrétiens, nous nous faufilons par la brèche qui ouvre le mur de clôture d'un vaste immeuble, dans lequel nous pénétrons par une fenêtre, à l'aide d'une échelle métallique. L'entrée habituelle ouvre en effet sur une rue contrôlée par un sniper. Nous avançons dans les longs couloirs, tout en pressant le pas lorsque nous passons devant une porte : toutes, sans exception, sont criblées par les balles des snipers, tirées à travers les fenêtres des pièces auxquelles elles donnent accès et qui s'ouvrent elles-mêmes sur une rue de l'autre côté de laquelle les maisons sont occupées par l'armée régulière. Petit réflexe que l'on acquiert rapidement dans le cadre de la guerre urbaine… De même, nous nous courbons bien au passage des fenêtres de la façade exposée aux tirs ennemis, et nous entrons dans une grande salle où le commandant nous fait les honneurs de sa katiba, dont les gars sont tout excités par la visite de ces deux étrangers, probablement la seule distraction qu'ils ont eue depuis des mois de ce régime martial.

Avant d'emmener ses hommes, que nous suivrons tout au long de l'impressionnante ligne de front de Bustan al-Pasha et Midan, où ils relèveront leurs camarades aux différents postes de tir, Abou Ahmad nous offre le thé, et nous nous asseyons dans ce grand salon improvisé, avec toute la troupe. Bref instant de relâche : tandis que commence un bombardement et que l'édifice semble vouloir s'écrouler à tout moment, les conversations vont bon train, et il est question d'un certain Damiano ou Bernardo, les miliciens n'en savent plus trop rien, d'un Italien en tout cas… Un journaliste… Domenico s'interroge.

- *Il n'y a pas beaucoup de journalistes, à Alep*, lui fais-je remarquer. *Beaucoup de photographes, mais pas de journalistes.*

- *Une armée de photographes, oui ! Des freelances, qui doivent manger et n'ont pas d'autre choix que de venir ici risquer leur vie. Pour les photographes, c'est un bon terrain, avec des soldats, de l'action, des ruines… Mais pas pour les journalistes : c'est très dangereux et pourquoi ? La Syrie, personne ne s'y intéresse plus…*

- *Tu connais le journaliste dont ils parlent ?*

Domenico pense savoir de qui il s'agit.

- *Mais que serait-il venu faire ici ?*, se demande-t-il à haute voix, tout en protégeant le contenu de son verre à thé de la poussière qui, à chaque explosion, tombe du plafond.

- *Écrire un livre*, lui dis-je, *comme je le fais. Pour témoigner.*

- *Témoigner ? Du malheur des autres ? Ce n'est pas dans ses habitudes. Quant à écrire un livre, peut-être… Mais il ne se serait pas déplacé en Syrie pour cela. Ses livres sont toujours très peu épais, et il n'est pas nécessaire de prendre des risques pour écrire si peu.*

- *Cela me fait penser à un auteur belge que tu connais sûrement ; elle est adulée par les critiques : Amélie Nothomb. Elle se fait un point d'honneur d'écrire un roman chaque année ; mais, s'il fait nonante-cinq pages, c'est beaucoup ; sans parler de la taille de la typographie…*

- Amélie Nothomb !? Tu lis Amélie Nothomb, toi ?

- Bien sûr que non ! Les deux opuscules d'elle que j'ai un jour parcourus m'ont copieusement suffi. C'est vide de sens ; c'est prétentieux et bouffi de bons sentiments à deux balles… Pourquoi cette question ? Tu en as déjà lu, toi ?

- Oh ! Oui ! Quand j'étais correspondant à Paris. J'avais dû faire une petite recension. Mais plus jamais ! En outre, je l'ai rencontrée quelques fois… Je ne peux pas la supporter. Ni comme écrivain, ni comme personne. Pour avoir édifié un tel piédestal à cette petite sotte, c'est probablement que la France a oublié les Claudel, les Mauriac, les Montherlant… Et je suppose qu'elle finira sa carrière comme académicienne. Je tiens le pari ! Elle est une preuve supplémentaire que, la littérature française, c'est terminé ; après, plus bas, il n'y a plus rien.

- Je suppose en effet que, sans son nom –tu sais qu'elle vient d'une puissante dynastie de politiciens belges- et sans ses connexions, son réseau, elle aurait fini comme bien des auteurs de beaucoup plus grand talent, au fond d'un tiroir, et jamais publiée… Enfin, même sous les bombes, en pleine révolution syrienne, elle aura réussi à faire parler d'elle !

- C'est bien tout ce qu'elle sait faire correctement. Non, mais, c'est vrai ! C'est très énervant ! N'aurait-elle pas même eu le Prix Goncourt ? Je ne me souviens plus…

- Je ne crois pas. Pas encore ! Par contre, j'en connais un qui l'a reçu, lui… J'en parlerai dans mes chroniques…

- Que tu m'enverras dédicacées, hein ! Si, si ! J'y tiens beaucoup !

- C'est tout comme le prix Albert Londres…

- Ah, oui ! On l'attribue vraiment à n'importe qui et pour n'importe quoi !

- Je ne te le fais pas dire ! Tu connais un certain Christophe Ayad ?

- Jamais entendu parler. Il est très bon ce thé...

- Il doit être réellement très bon, pour qu'un grand amateur comme toi le complimente de la sorte.

- Il est excellent ! C'est ici qu'il faut être pour boire du thé qui ressemble à du thé. Rappelle-moi d'en acheter un paquet, si la petite épicerie, devant le quartier général, est encore ouverte tout à l'heure. J'en ramènerais bien en Italie...

Abou Ahmad nous interrompt. Le moment est venu. Nous gravissons quatre à quatre les marches de quelques escaliers, sur cinq étages, et reprenons notre périple le long des couloirs de l'immense édifice en ruines.

Le commandant dispose ses hommes, un dans cette pièce, un autre dans celle-là, qui chacun, par une étroite meurtrière percée dans le mur, scrute avec un œil d'aigle les ruines de Midan qui s'étendent en contrebas de notre position ; le voyage va durer près de deux heures, durant lesquelles, sur plusieurs kilomètres, vont ainsi être relevés des dizaines de gars, un rempart de snipers affrontant leurs homologues postés de même, parfois à moins de vingt mètres, dans l'immeuble qui se dresse de l'autre côté d'une rue, d'une cour, d'un parc… Comme à Karm al-Jabal, on passe d'un immeuble à l'autre.

L'armement lourd du gouvernement n'est certes pas à l'avantage des rebelles, une fois encore ; ils perdent souvent des hommes : lorsqu'un sniper est repéré, c'est un Mig ou un hélicoptère qui se charge de le réduire au silence, ou un tir d'artillerie, tout ce dont les révolutionnaires ne disposent pas. Mais ils tiennent bon, malgré tout, et semblent avoir compris qu'il est inutile de vouloir affronter l'armée régulière autrement qu'en l'épuisant par une guérilla acharnée.

De retour au QG, Domenico s'arrête à l'épicerie, le seul commerce du quartier qui est encore ouvert ; et je vais quant à moi, « *incorrigible* », dirait ma mère, fouiner un peu du côté de l'arrière-cour du bâtiment, là où les étrangers sont priés de ne pas aller fourrer le nez… Rien de plus stimulant pour la curiosité qu'une interdiction d'aller voir et savoir.

Une bande de drôles, tous en galabia, bonnet de laine sur la tête, la barbe hirsute, sont en train de manger, assis en tailleur. « *Salam aleikoum !* », leur fais-je en y ajoutant un grand signe de la main et un large sourire. Les types lèvent les yeux vers moi, puis se toisent l'un l'autre, la lèvre méprisante, le regard noir, le sourcil froncé, avant de me fixer sans aucune amabilité. Et sans prononcer un mot. Personne ne me répond ? Bon. Bien. Inutile d'insister ; je tourne les talons…

Je me promène ensuite du côté des bureaux de l'état major ; par l'embrasure de la porte restée entrouverte, j'aperçois des coiffes afghanes. Là, c'en est trop… Profitant de la présence d'un de mes tout premiers contacts au sein du staff du Conseil militaire d'Alep, je l'alpague et lui pose la question sans détour : qui sont tous ces gars, arrivés ici hier ?

- *Ceux-là, je sais pas ; les mecs de la cour, c'est al-Qaeda. Laisse-moi tranquille, maintenant.*

Voilà donc l'objet des cachoteries de la veille. Mais qu'est-ce que l'ASL fricote avec al-Qaeda ?

En début d'après-midi, après avoir embrassé Domenico qu'une voiture attend déjà pour le ramener en Turquie (nous nous donnons rendez-vous en décembre, au Mali ; inch'Allah), je reprends mon bâton de pèlerin et Zinédine et moi roulons jusqu'au quartier d'al-Ameria, qui jouxte celui de Salaheddine, dans le sud-ouest.

En longeant les trottoirs, je me rends compte que, de plus en plus, les enfants d'Alep jouent avec des armes postiches, comme s'ils défiaient le monde entier ; parfois, un simple manche de bois leur fait office de fusil, une corde en guise de bandoulière et une section de tube comme lunette de visée. Le sniper est à l'honneur chez les tout petits… Et tout cela me fait souvenir des enfants de la Palestine occupée, qui naissent dans la guerre et n'ont rien connu d'autre que les vexations et les brimades…

D'abord, je dépose mon sac à Dar al-Shifaa, où Youssef viendra ce soir me chercher.

Dans le quartier d'al-Fardous, qui est sur notre chemin, on me présente le Commandant Mustafa Waddah, de la katiba al-Fad, de Liwa Suqur al-Sham. C'est une autre organisation indépendante, encore, que je ne connaissais pas non plus. J'y croise des hommes de Damas, d'Idlib, de Homs… Ils se sont installés avec leur famille, dans une salle de banquet, où l'on organisait des mariages, comme en témoignent les deux trônes kitchissimes, en bois doré, poussés sur le côté, typiques des fêtes matrimoniales au Moyen-Orient ; Mustafa Waddah est assis au centre de la scène et prend le thé, entouré de ses gars. Tout autour de nous, les enfants jouent et courent.

Le commandant nous accorde deux de ses hommes, qui nous escortent jusqu'à al-Ameria, via le quartier de Sikari.

Nous débarquons ; personne ne nous attend. Après quelques palabres, un petit homme coiffé d'un ventru bonnet de laine mauve fait apparition. Derrière ses lunettes aux verres épais, le regard perdu, il n'a pas l'air d'un foudre de guerre. Rappelons qu'il faut toujours se méfier des apparences…

C'est Abou Abdul Halaby, le commandant de la katiba Souar al-Ansari, une des plus valeureuses, dont j'avais déjà entendu parler, de Liwa Suqur al-Sham. Abou Abdul n'est pas n'importe qui. Il a soixante-quatre ans ; il est venu du Liban, de Saïda, au sud, « *pour aider ses amis à défendre les civils d'un tyran qui est l'ami d'Israël* » ; il est palestinien, exilé. Quant je lui demande quel était son métier, avant la révolution, il me répond qu'il a toujours été soldat, dans l'Organisation pour la Libération de la Palestine, l'OLP. Il s'est battu en 1982, jusqu'en 1990. Il a bien connu Yasser Arafat.

Son témoignage m'intéresse tout particulièrement : il s'étonne lorsque je lui dis, sur un ton faussement naïf, que je croyais que les Palestiniens soutenaient al-Assad. Cela semble le choquer ; il demeure coi un bref instant, comme surpris, puis me confirme que les Palestiniens n'ont aucune sympathie pour Bashar al-

Assad ; qu'ils savent très bien qu'il n'a jamais combattu Israël, ni rien décidé de concret dans leur intérêt. Au contraire.

Il me conduit à la ligne de front. Ici aussi, il faut prendre garde aux angles ouverts, aux ruelles latérales, aux immeubles qui surplombent les plus modestes, à chaque fenêtre ou trouée d'où pourrait surgir la balle mortelle d'un sniper. Ici aussi, nous pénétrons dans un bâtiment par une fenêtre, en prenant appui sur un tonneau métallique, pour ensuite, ici aussi, progresser tout le long du front en passant d'une construction à l'autre à travers les murs percés. Ici aussi, les snipers de la révolution sont délogés par l'armée régulière à coups d'obus, de missiles et de roquettes.

Il est tard, déjà, et la nuit tombe peu à peu ; dans les couloirs sans lumière de ces immeubles privés d'électricité, nous avançons parfois à tâtons, dans l'obscurité la plus totale. Ici aussi, je passe en revue avec le commandant les postes de tirs qui se succèdent et que se répartissent les combattants. Et, ici aussi, par les meurtrières aménagées dans les murs à coups de burin, j'aperçois le champ de ruines sur lequel veillent les francs-tireurs des deux camps.

Abou Abdul tire lui-même quelques salves. « *Tu vas voir* », me dit le vieil homme, d'un air à la fois malicieux et espiègle. Là où nous nous trouvons, « le temps est plutôt au beau fixe »... Mais, aussitôt a-t-il déchargé sa kalachnikov par le fenestron d'une salle-de-bain, qu'un vacarme de tous les diables se fait entendre dans le quartier, les snipers d'en face répondant à la rafale du commandant par des tirs en cascades, auxquels répliquent à leur tour les tireurs de la révolution, dissimulés un peu partout dans ce vaste théâtre de béton, de fer et de poussière.

Nous nous sommes ainsi promenés, d'un étage à l'autre et de l'un à l'autre immeuble, avec une petite frayeur en guise de pique-nique, lorsque, voulant une deuxième fois dérouiller son arme, le brave Abou Abdul concentra, en riposte sur notre position, le feu de plusieurs mitrailleuses lourdes dont les balles ne se laissèrent pas arrêter par la mince paroi de béton cendré et de plâtre derrière laquelle nous pensions être à cet endroit abrités, faisant éclater au-dessus de ma tête les carreaux de faïence roses et blancs qui couvraient le mur auquel j'étais adossé, accroupi pour filmer en contreplongée le guerrier dans son œuvre de mort. Eussé-je préféré un plan américain que je n'aurais probablement pas eu l'opportunité de terminer l'écriture de ce livre… Abou Abdul lui-même pouvais bien remercier Allah de l'avoir épargné : lâchant son arme en un réflexe, il s'était jeté à terre et, la tempête passée, nous avons constaté un gros trou dans son parka, tout juste sous l'aisselle gauche.

Abandonnant nos hôtes, alors que la nuit tombe sur le destin de la révolution, nous trouvons in extremis un dernier taxi pour regagner Dar al-Shifaa, où m'attendent un pick-up et le milicien de Liwa al-Towheed. Plusieurs chauffeurs ont refusé de nous charger ; il est presque trop tard, déjà, pour trouver une voiture qui ose encore circuler en ville.

Nous indiquons au chauffeur l'itinéraire le plus direct pour Tarik al-Bab, un tronçon de la route de l'aéroport, le boulevard Tarik al-Matar al-Kadim, qui traverse tous les quartiers du sud sous contrôle de l'ASL. À cette heure, la chaussée est déserte et nous roulons à bonne allure.

Lorsqu'un éclair me surprend, à vingt ou trente mètres sur notre gauche, immédiatement suivi, dans une fraction de seconde, par le craquement de l'explosion dont je sens sur mon visage le souffle qui pénètre dans la voiture par la fenêtre ouverte. Le chauffeur, apeuré, donne un brusque coup de volant qui manque de peu de nous envoyer dans le décor, tandis que des gravillons et des débris divers tombent en pluie sur le toit en claquant comme de la grêle. Dans le même temps, une seconde explosion retentit, projetant elle aussi dans l'air des gravats de toutes sortes qui s'abattent devant la voiture, sur le capot, sur le toit et le pare-brise ; et nous nous enfuyons, pied au plancher, en slalomant entre les barricades et les chicanes, échappant de justesse à l'épais nuage de fumée et de poussière qui déroule ses volutes et déverse sa rage à notre poursuite.

C'étaient les prémices d'un bombardement sur le quartier d'al-Nerab. Arrivés à Dar al-Shifaa, je filme les premiers blessés qu'on y transporte déjà.

Assis sur des sacs de draps sales, un petit garçon pleure ; il a peut-être quatre ans. Personne ne s'occupe de lui. J'essaie de l'amuser un peu avec la caméra. Il se calme, mais me regarde d'un air si triste… Puis, comme s'il avait déjà tout compris à la vie et se ravisait de son chagrin, il me fait un petit signe de la tête et semble patienter. Quelques minutes s'écoulent et un homme, au bras bandé, le rejoint et l'emporte, sans même avoir remarqué ma présence. Le petit garçon, qui n'a cessé de me fixer des yeux, m'adresse un au revoir du bout des doigts et disparaît avec son père dans la nuit noire.

Je voudrais rentrer chez moi tout de suite et oublier tout ça, ne jamais l'avoir su. Mais, pour ne pas savoir, il ne fallait pas venir ici. Maintenant, il est trop tard…

Une petite heure passe, et Youssef se présente ; et nous partons pour le quartier d'al-Marja, où est située la planque de Steven. Youssef plaisante sans cesse, tout au long du trajet, toujours au second degré ; il a beaucoup d'esprit ; je le trouve très sympathique ; nous allons bien nous entendre.

Benoit est assis dans une grande pièce avec Steven, un grand salon, meublé de banquettes adossées aux murs, tendues de tissu à fleurs de tons ocrés, et qui encadrent un espace de convivialité dont le sol est couvert de nattes aux dessins géométriques, et de tables basses drapées de même. C'est un très agréable boudoir pour écrire et se reposer.

Ils ont l'air dépité. Benoit me répète au moins dix fois sa question : qu'ai-je fait de ma journée ? Je le lui raconte dans les grandes lignes ; de toute évidence, il fait la moue… De son côté, il n'a rien vu, rien appris, et n'a fait aucune photo vraiment intéressante. Les gars de Liwa al-Towheed devaient couper le ravitaillement en munitions et carburant à destination de l'aéroport, qui est toujours aux mains du régime, mais, finalement, ils n'ont pas quitté leur position. Pour lui, c'est une journée perdue. Je leur propose à tous les deux de me suivre, demain, à Salaheddine et à Saïf al-Daoula, où j'espère reprendre contact avec les hommes de Jabhet al-Nosra et, s'ils me sont favorables, leur demander d'arranger une entrevue avec une katiba d'al-Qaeda ; celle que j'avais croisée en août, peut-être…

En attendant, nous sommes invités à dîner par le Sheikh Ibrahim, un notable du quartier ; nous sommes accompagnés de deux adolescents, dont le fils aîné de la famille et un lycéen de terminale, un « rhétoricien », dirions-nous en Belgique, Ahmad, très enjoué et tout énervé de rencontrer trois Occidentaux avec lesquels pratiquer son anglais, plutôt recevable. Ahmad garantit l'ambiance, surtout lorsqu'il essaie, très sérieusement, de nous convertir à l'Islam en nous contant le Paradis, les rivières de lait et de miel, les septante-deux vierges et tout le toutim. Une petite formule à prononcer, reconnaître Mohammed comme le prophète de Dieu, et le tour est joué, nous explique-t-il… Il veut nous sauver, dit-il. Je souris, mais reprend tout de suite un air sérieux, quand je comprends que le garçon, s'étant saisi du *Coran* sur une étagère, ne plaisante pas.

La soirée se passe bien évidemment entre hommes ; le petit dernier fera une timide apparition au dessert… Les femmes sont quant à elles cloîtrées dans la cuisine et, au moment de quitter le séjour, il nous faudra attendre quelques minutes, pour en ouvrir la porte, qu'elles se soient réfugiées dans une chambre. Steven, qui aura déjà la main sur la clenche, se fera gentiment rappeler à l'ordre par Ahmad : « *Dans notre pays, les femmes ne doivent pas être vues par les hommes.* » Et, de fait, nous ne les verrons pas.

Pudding de riz et de lentilles, agneau en ragoût, pommes, raisins, mandarines fraîches, le repas est extraordinaire et me repose. Les agapes achevées, les deux adolescents soulèveront le grand plateau d'argent que le maître de maison avait posé devant nous, sur le sol, et le laisseront dans le hall d'entrée ; tout le temps que durera la manœuvre et que notre porte sera ouverte, celle de la cuisine restera fermée. La nôtre fermée, les femmes sortiront de leur réserve pour emporter les reliefs du repas et –j'imagine- s'adonner aux joies de frotter la vaisselle.

Après le thé, nous remercions nos hôtes et repartons à la planque.

Mohammed, qui veille sur nous, vient s'assurer que nous avons tout ce dont nous avons besoin.

Son apparence n'est pas très avenante ; le corps très gras, bedonnant, il empeste cette odeur âcre de transpiration qui prend à la gorge. Mais c'est un brave homme, d'une grande générosité, même si son esprit s'est quelque peu égaré, depuis qu'il a été blessé au combat, à la tête, mais pas seulement…

Alors qu'il m'apporte une couverture de laine, il surprend la conversation de Benoit et Steven, qui s'entretiennent du futur probable de la révolution.

Lorsqu'il entend le nom de Bashar al-Assad, Mohammed semble comme pris de fureur et s'emporte. Il invective le dictateur, crie qu'il va le tuer et, tout d'un coup, baisse son pantalon et nous montre son sexe, à demi-tranché, purulent, mal pansé et couvert d'une pommade luisante et jaunâtre. Il nous explique comment il a été blessé par une explosion. Qu'il n'a pas l'argent nécessaire pour aller se faire soigner en Turquie, ce qui est le cas de beaucoup de Syriens sévèrement blessés ; il lui faudrait plusieurs milliers de dollars pour sauver son pénis. Qu'il ne pourra probablement plus avoir d'enfants ; il aurait voulu en avoir douze, comme son propre père.

Ainsi, en une fraction de seconde, la guerre s'est rappelée à nous, et de la plus crue des façons.

XVIII. Un thé avec la Mort

Alep (1er novembre 2012) – Les bombardements ont duré toute la nuit ; mais pas ici, pas à al-Marja.

Hier soir, très tard, Youssef m'a réveillé. Il m'a proposé de l'accompagner dans une « mission ». Je l'apprécie de plus en plus ; il a les nerfs solides et un humour aussi décalé que le mien ; et nous rions toujours tous les deux, sous les regards interloqués de nos compagnons.

Il a un sérieux problème, qui le mine ; et je m'en rends bien compte : son beau-frère, qui travaille comme garde de sécurité dans une compagnie proche de la famille al-Assad et milite farouchement en faveur du président, a été enlevé par l'ASL, qui demande une rançon de 25.000 dollars pour le libérer, m'a-t-il expliqué. L'ASL… Mais, quand je lui demande quel groupe exactement, il m'avoue qu'il ne le sait pas… Il n'apprécie pas du tout son beau-frère, qui traîne souvent avec des Shabihas et prétend que les journalistes d'al-Jazeera et d'al-Arabiya sont tous des menteurs, de même que les « terroristes » de l'ASL. Mais il est inquiet pour sa sœur et ses neveux et nièces. Et il ignore quoi faire…

Cette nuit, nous sommes allés jusqu'à Azeze, au sud-est d'Alep, près de l'aéroport ; sa katiba, Omar Ben al-Jamoua, avait été tuyautée : une formation de tanks devait passer par Azeze, sur la route principale. Sa katiba avait donc décidé de les attaquer, en barrant la chaussée.

À cet effet, les gars avaient choisi un endroit où ils pouvaient se servir de la carcasse d'un autobus, couchée sur le bas-côté de la route. Ils avaient amené un camion sur les lieux, avec l'objectif de remorquer l'autobus au milieu de la voie. Au premier essai, le câble utilisé pour tirer l'épave s'est rompu. Ce fut le cas lors des tentatives suivantes. On a essayé une dernière fois, alors que nous entendions déjà le bruit sourd des moteurs des chars qui avançaient sur la route. Le câble s'est à nouveau rompu, et il a bien fallu nous résigner à quitter la place ; les gars rageaient.

Ce matin, je prends un taxi pour le quartier général ; je veux tirer au clair les petites cachoteries d'avant-hier et rencontrer ces gars d'al-Qaeda. Benoit et Steven m'accompagnent : ils espèrent une connexion à internet pour envoyer des photographies à leur agence.

Aujourd'hui, il y a du réseau sur Alep ; je téléphone à mes parents.

- *Bonjour Maman, c'est Pierre. Tout va bien. Je suis avec Benoit, et Steven, un photographe américain...*

- *Tu dois toujours dire « italien »*, me rappelle Benoit.

- *Je suis contente que tu puisses nous téléphoner, mon grand. Nous avons entendu à la radio qu'Alep avait été très fortement bombardée, depuis deux jours, et nous nous inquiétions. Tu reviens en Belgique comme prévu ?*

- *Oui, sauf si les choses évoluaient et que je décidais de modifier mes plans. Sinon, je passerai à la maison dimanche soir, pour dîner avec vous.*

- *Ne viens pas trop tard ! N'oublie pas que Papa préfère dîner tôt !*

Mes compagnons, qui écoutent la conversation, éclatent de rire à cette réplique... C'est bien ma mère, qui s'inquiète pour l'heure du dîner, tandis que je fais la guerre.

Arrivé au QG, je suis stupéfait : des djihadistes en galabia, partout. J'en salue un d'un aimable « *Salâm aleikhoum !* ». Il me dévisage, comme hier, en fronçant les sourcils, et poursuit son chemin sans me répondre...

Je sors voir si l'épicerie, en face du QG, est déjà ouverte, pour m'acheter un jus d'ananas, en guise de petit déjeuner. Benoit et Steven me suivent. Un des djihadistes s'y trouve aussi. Je sors la caméra et filme mes compagnons, mine de rien ; petit mouvement de côté, et je prends aussi le barbu ; quelques secondes à peine : le gars s'énerve tout de suite. Je coupe et je m'en vais avant qu'il me prenne la caméra ; il n'y avait plus de jus d'ananas, de toute façon…

Je retourne au QG : des barbus portant des coiffes afghanes sortent du bureau du commandement, porte-document à la main.

Maintenant, il faut que j'en sache plus, qu'on m'explique.

Mais il est impossible d'avoir une réponse et je n'insiste pas trop ; même si j'ai bien l'impression que tout cela n'est pas très compliqué à comprendre : si l'Occident ne prend pas les choses en mains et laisse dégénérer le conflit, d'autres prendront la place…

Nous demandons que quelqu'un nous aide à accéder au quartier de Salaheddine. Je n'y suis plus retourné depuis juillet, et je voudrais me rendre compte de l'ampleur des dégâts, suite aux bombardements.

Un jeune homme, Mahmoud, se propose de nous y accompagner. Il enseigne l'anglais et achevait une maîtrise en littérature britannique à l'Université d'Alep. Mais il faudra être très prudent. Comme à Karm al-Jabal, le quartier est truffé de snipers ; et l'armée régulière a repris la majeure partie de Salaheddine. La 10ème rue, où j'avais assisté aux combats, en juillet, avec une katiba de Jabhet al-Nosra, est depuis lors passée sous le contrôle du régime.

Nous montons dans un autre taxi, qui nous dépose à proximité de la ligne de front, diffuse, ici aussi. Nous rejoignons une brigade de Liwa al-Towheed, la katiba Hafad Omar. Parmi les combattants, un homme se présente comme libyen, originaire de Benghazi ; il est venu aider la révolution. Ce n'est pas un djihadiste, pas un fondamentaliste ; et il fait partie des rares étrangers que j'ai rencontrés en Syrie… Leur chef, je le reconnais : c'est avec lui que nous étions allés à Jdéidé, en août. Il me fait un grand sourire, nous prenons le thé, échangeons quelques mot… Il tient à nous protéger lui-même pendant que nous serons là.

Nous progressons avec la katiba dans les ruines de Salaheddine. À chaque coin de rue, le milicien de tête lance un « *Allah akbar !?* » interrogatif : c'est le cri de ralliement, mais aussi le signe de reconnaissance, qui sert à s'annoncer, pour éviter de se faire tirer dessus par les amis.

C'est ici aussi la même conjoncture qu'ailleurs : des ruines, un front incertain, figé, et des snipers partout.

Parfois, une barricade contrôle une rue. Je suis deux combattants vers l'une d'elle, située à l'extrémité d'une rue latérale à un boulevard ; elle a été montée en bordure du boulevard ; un sniper de l'armée régulière, posté dans un des immeubles qui borde le boulevard, canarde régulièrement la barricade. Je tends la caméra par-dessus la barricade ; je me découvre très légèrement pour essayer de repérer l'origine des tirs et filmer le tireur avec le zoom.

Benoit et Steven me crient de me cacher, de rebrousser chemin. Ils sont bien gentils, mais ils me cassent parfois les bonbons. Ils font de belles photos, mais se tiennent toujours à distance de la guerre, trop éloignés pour la comprendre vraiment, pour pouvoir ressentir ce que ressent le combattant qui risque sa vie pour sa liberté. D'ailleurs, je me demande s'ils cherchent à comprendre la révolution ou s'ils ne seraient pas ici qu'en esthètes. Je leur intime de se taire ; ils m'agacent et me mettent en péril : d'une part, dans cette situation de stress et d'intense tension, je suis énervé par leurs jérémiades, et je ne parviens plus à me concentrer et à maîtriser le danger au plus près ; d'autre part, leurs appels attirent l'attention dans notre direction… Je décide que je travaillerai seul, à l'avenir, lors de mes prochains voyages.

Les deux miliciens qui m'encadrent m'invitent à progresser plus avant avec eux ; ils me couvrent bien. Mais un tir en rafale nous fait reculer ; nous sommes repérés, inutile de poursuivre.

Un peu plus loin, en longeant la ligne de front, je retrouve la configuration que j'ai observée à al-Ameria, le quartier voisin, dans le quartier de Sheikh Qudur et dans celui de Karm al-Jabal : une rangée d'immeubles qui surplombent les ruines cachent les snipers de la rébellion, qui dominent ainsi le champ de bataille ; c'est partout la même chose ; ils ciblent l'ennemi au travers d'étroites meurtrières pratiquées dans les murs. Abou Ahmed, un des snipers, m'emmène tout au sommet d'un des bâtiments tenus par la rébellion ; de là haut, je découvre, ici aussi, l'ampleur du champ de bataille, tout le quartier de Salaheddine, en ruines.

J'avance prudemment sur un balcon, pour filmer, en me cachant derrière la rambarde ajourée. Abou Ahmed m'appelle, à voix basse : « *Halas ! Halas !* » (« *Stop ! Stop !* »). Je ne l'écoute pas ; à tort : quelques balles viennent s'écraser sur le mur, à quelques centimètres de moi. D'un bond, me jetant en arrière, je me réfugie dans l'embrasure de la porte et me terre, couché au sol, tandis qu'une autre salve fait éclater le béton de la balustrade.

Je me souviens alors des paroles de Domenico : ne pas faire le pas de trop…

Plus loin, je reconnais l'école dans laquelle, en juillet, j'avais rencontré Abou Bakri et la katiba de Jabhet al-Nosra. Elle n'est plus que ruines, elle aussi…

De là, on peut contempler la mosquée de Saladin ; je suis ému. Elle est debout, elle ; son dôme émeraude éclate de couleur et de lumière dans le soleil de midi. Il a été touché par des obus d'artillerie et plusieurs trous béants semblent comme autant de blessures, mais il a tenu bon ; la mosquée de Saladin se dresse toujours, comme en juillet, au milieu de cette étendue de décombres, fier symbole de la révolution.

Le boulevard qui nous sépare d'elle est sûr, nous affirme un des combattants qui garde l'entrée de la rue dans laquelle nous avançons. On peut traverser le carrefour et entrer dans la mosquée.

Abou Salah, qui nous guide dans Salaheddine, chemisier de son état, n'est pas certain qu'il soit possible de franchir le boulevard : il est très large et les immeubles, plus loin, à gauche, sont tenus par les réguliers. Il vaut mieux attendre un peu, se renseigner mieux, auprès d'autres miliciens, parler avec les gens du lieu. Nous nous éloignons donc du carrefour et nous nous asseyons auprès d'une autre katiba et d'habitants du quartier, quelques-uns de ceux qui ont décidé d'y rester, qui prennent le thé dans la rue. Ils nous offrent de le partager avec eux.

Un des miliciens me montrent des billets de banque, des coupures russes et suédoises, prises, dit-il, sur un sniper russe, capturé quelques jours auparavant dans la 15ème rue.

Tandis que nous buvons le thé chaud et réconfortant, des tirs d'obus passent au-dessus de nos têtes, en direction de Saïf al-Daoula, à quelques rues d'ici, où nous entendons retentir les explosions, suivies de panaches de fumée et de poussière qui s'élèvent dans le ciel encore bleu et clair de ce début d'hiver oriental. Ce sont les tanks du régime qui bombardent Saïf al-Daoula, depuis le quartier de Ramoussa, situé au sud-ouest de Salaheddine, au-delà du stade d'Hamadaniah ; c'est là que se trouvent le gros des forces de l'armée régulière, autour de l'académie militaire, à quelques centaines de mètres d'ici, à vol d'oiseau.

La guerre s'enlise. Les rebelles, forts du soutien populaire, compensent ainsi le manque d'armes, pour le moment. Le régime, qui peut plus ou moins compter sur l'armée et certainement sur ses milices, tient le coup, grâce à sa force de frappe, alimentée par la Russie.

La guerre pourrait durer encore longtemps. Moncef Marzouki, le président tunisien, avait raison, en fin de compte, lorsqu'il m'avait affirmé, au Palais de Carthage, que le risque, pour la révolution syrienne, c'était la « libanisation » du conflit, une longue guerre de position, une guerre urbaine sans issue, comme celle qu'avait connue le Liban, pendant des années et des années, payant le prix de milliers de morts et de la destruction de villes entières…

Scène surréaliste ; une de plus : pendant que nous devisons, deux gamins, sur le trottoir opposé, jouent avec le squelette qu'ils ont ramassé dans les vestiges du cabinet d'un médecin, bombardé, deux maisons plus loin. Ils s'amusent à lui faire claquer les dents et lui abaissent la mâchoire inférieure, comme pour simuler un rire aux éclats. Allégorie bien à propos… Ce sont des enfants du quartier, qui nous rejoignent et s'assoient à côté de leur oncle milicien, disposant entre eux leur nouveau jouet. La Mort, si présente déjà tout autour de nous, s'invite même à prendre le thé.

C'est décidé : nous allons visiter la moquée de Saladin. Apparemment, tout le monde est d'accord : il n'y a pour l'instant aucun sniper ennemi dans le boulevard.

Nous revenons sur nos pas et Abou Salah traverse le premier. Mais, alors qu'il atteint le milieu du boulevard, des tirs le prennent pour cible et, tout autour de lui, le tarmac éclate à chaque impact. Abou Salah accélère sa course ; il réussi à rejoindre la rue transversale opposée, indemne. Il nous fait signe de ne pas risquer la traversée ; et il nous fait comprendre qu'il rentrera chez lui par un autre chemin ; il nous dit adieu.

C'est alors qu'un très vieil homme, comme sorti de nulle part, fait son apparition dans le carrefour. Il est vêtu à l'ancienne : il porte la traditionnelle galabia, la tunique longue, et le sammiyah, le calot rond du pèlerin, recouvert d'un foulard ; d'un pas lent, fantôme revenu des limbes, il s'avance à travers le boulevard, s'arrêtant parfois pour remuer quelques gravats du bout de sa canne, tout en maugréant, en marmonnant quelques paroles imperceptibles. Surréalisme pour surréalisme de la guerre dans cette ville plusieurs fois millénaire…

- *Hadji ! Hadji !*, lui cirent les miliciens (c'est ainsi qu'on appelle les personnes âgées, avec grand respect, celles qui ont effectué, déjà, le pèlerinage à La Mecque, comme tout Musulman doit le faire, une fois dans sa vie, selon les préceptes de l'Islam).

Imperturbable, le digne vieillard s'arrête et scrute l'espace en notre direction. Puis, nous apercevant, il nous sourit et nous salue en levant son bâton.

Les miliciens l'enjoignent de se presser : « *Canas !* » (« *Sniper !* »).

Il nous rejoint. Nous échangeons quelques mots ; il nous offre sa bénédiction et me prend dans ses bras. Toute sa famille a été massacrée dans les bombardements. Les Migs qui ont anéanti le quartier, en juillet, ont tué ses trois fils et ses quatre filles, sa femme aussi, et ses petits enfants. En une nuit, toute sa maisonnée a disparu. Alors, que lui importe de vivre plus longtemps, plus vieux ? Pour qui ? Pour que faire ? Il s'en fout, maintenant…

Le vieil homme repartira par là où il était venu, sans plus se presser au retour qu'à l'aller ; et peut-être a-t-il pu rentrer chez lui, dans les ruines de sa maison. Inch'Allah…

Quittant Salaheddine, nous marchons jusqu'à Saïf al-Daoula, qui est tout à côté.

À Saïf al-Daoula également, les bombardements ont fait de gros dégâts. Le quartier a été complètement déserté par ses habitants. Nous rencontrons une famille, en train de charger des matelas, des chaises et des couvertures dans une camionnette ; ces gens, qui ont presque tout perdu, profitent d'un moment d'accalmie pour récupérer quelques effets. Aujourd'hui, on ne se bat pas à Saïf al-Daoula. C'est donc l'occasion pour plusieurs familles de revenir sur les lieux et d'emporter ce qu'elles peuvent retrouver. Deux rues plus loin, un commerçant et son fils vident ce qu'il reste de marchandises sur les étalages de leur magasin ; c'était un commerce de chaussure, avant la guerre…

L'ampleur des destructions est aussi impressionnante qu'à Salaheddine. Ce qui fait froid dans le dos, en outre, c'est le silence de cette ville-fantôme, troublé seulement par le grincement de quelque ferraille, un châssis de fenêtre ou un réverbère, tordu par les bombes, qui se balance au rythme de la brise, de ce petit vent glacial de l'hiver commençant.

Je retrouve la position où j'avais assisté, en juillet, à la défaite de la katiba de Jabhet al-Nosra que j'y avais accompagnée. Elle a été reprise à la mi-octobre, par les hommes de Liwa al-Towheed, qui occupent désormais la place.

Nous nous en approchons, mais il faut traverser le large boulevard, celui que nous avions emprunté, Eduardo et moi, dans ce pick-up mitraillé de toutes parts, où nous avions manqué de peu de perdre la vie. Benoit et Steven ne veulent pas prendre le risque ; c'est assez pour eux, assez pour aujourd'hui. Ils m'imposent de faire demi-tour et de rentrer à al-Marja.

Tant pis pour eux, j'irai seul.

Mahmoud s'adresse aux miliciens qui dansent de l'autre côté du boulevard : « *Allah akbar ! Allah akbar ! Saâfi ! Saâfi ! Canas !?* ». Ils nous font signe de traverser. Et nous nous exécutons, en courant aussi vite que nous le pouvons, au son de la musique révolutionnaire que les rebelles diffusent par haut-parleurs, à l'intention des réguliers qui occupent la rue voisine. Tout à l'heure, pendant la prière, ils feront silence. Et ce sera au tour des réguliers de diffuser, à fond la musique, des chants patriotiques à la gloire de Bashar…

Le commandant de la katiba al-Hansar, qui nous accueille, veut me montrer quelque chose ; il me prend par le bras et m'invite à le suivre, au-delà de leur barricade. J'hésite un petit instant, me souvenant de l'expérience de juillet. Mais je me décide à lui faire confiance. Nous entrons dans un immeuble et montons quelques étages. De là, j'ai une vue imprenable sur le boulevard. Le commandant m'indique, sur la chaussée, les corps de trois civils, étendus là. Plus loin, il me montre une voiture, en travers de la rue, dans laquelle gisent cinq corps : un homme, au volant, une femme, sur le siège du passager, et trois enfants, sur la banquette arrière.

Il m'explique que ces gens étaient revenus chez eux, il y a deux jours, pour récupérer des affaires, dans leur appartement ; mais les snipers du régime les ont massacrés. Impossible de relever leurs dépouilles pour les ensevelir…

Il va bientôt être 17h00 ; la nuit tombe tôt ; c'est l'hiver. Il faut quitter le quartier avant que l'obscurité réveille les snipers, qui s'y dissimulent et s'y activent. Je rejoins mes amis, qui m'attendaient. Steven m'explique qu'il voudrait que je sois plus prudent. Tout comme Benoit, c'est la première fois qu'il couvre un conflit…

Sur le chemin, nous traversons le quartier d'al-Mashad, au moment où un tir de mortier frappe le sommet d'un bâtiment, à quelques vingt mètres de nous ; nous nous abritons sous le porche d'entrée d'un immeuble ; je filme : si c'est comme d'ordinaire, d'autres tirs vont suivre. Je me positionne au milieu de la rue : théoriquement, il n'y a pas de grand risque ; les autres tirs tomberont plus ou moins au même endroit. Steven et Benoit me crient de les rejoindre ; je leur demande de se taire, pour pouvoir entendre le sifflement du tir suivant, caractéristique des obus de mortier, qu'on entend toujours venir.

Et de fait, quelques dizaines de secondes plus tard, trois autres obus s'abattent sur le carrefour situé en contrebas de notre position. Les gens s'affolent, hurlent, courent. Tant pis, j'y vais : caméra au poing, je me presse dans la direction des impacts. Un homme, accroupi, prostré sur le trottoir, se protège la tête entre ses mains ; une femme, voilée de noir, pleure, paniquée ; à travers les épaisses nappes de fumée, j'entrevois quelques silhouettes qui tentent de fuir le carnage. C'était un petit marché qui était visé ; il y avait là des échoppes, des marchands de légumes, qui vendaient le peu qu'il leur restait, quelques commerces…

La scène de panique dure un gros quart d'heure, le temps que se dissipe la fumée. Les habitants du quartier assistent les blessés, aidés par des miliciens de l'ASL ; au bout de la rue, des miliciens emmènent deux adolescents ; ils ont les mains liées dans le dos. Profitant du désordre, ils ont essayé de voler de la nourriture.

Nous décidons de terminer cette journée par l'hôpital Dar al-Shifaa ; Steven veut s'y poster, et attendre un arrivage de blessés. Je les y accompagne et nous nous asseyons sur des ballots de draps souillés, déposés sur le trottoir, devant l'hôpital. Je suis mal à l'aise : nous sommes ici comme des rapaces, attendant leur proie… Et nous n'attendons pas longtemps.

Plusieurs obus se sont abattus sur le quartier d'Askar, et les blessés arrivent. Je retrouve l'insupportable odeur du sang qui m'écœure désormais. Un homme entre dans l'hôpital, accompagné d'une petite fille. L'homme a le bras droit presqu'arraché ; on assoit l'enfant dans un coin du hall, et son père est emmené dans une des salles d'opération. L'enfant pleure, effrayée ; je m'en approche et je lui caresse la joue. Elle me regarde, en sanglotant. Qui s'occupera d'elle, maintenant ?

Mais la scène la plus terrible de cette soirée, la plus poignante, c'est celle de cet autre enfant, un autre petit garçon, qu'un milicien porte dans ses bras et présente à un médecin. Le garçonnet a le visage tout couvert de sang ; le médecin commande au milicien de confier l'enfant à une infirmière. L'enfant s'écrie alors « *Baba ! Baba !* » (« *Papa ! Papa !* »), tandis qu'on l'éloigne de son père ; le médecin ne l'avait pas reconnu.

Je suis épuisé ; je n'en peux plus de toute cette souffrance. J'ai peu dormi de ces dernières nuits, et je sens bien que j'atteins la limite de mes capacités de résistance.

En outre, nous ne sommes plus les bienvenus, ici, plus comme auparavant. Nous, les Occidentaux, nous avons abandonné ces gens ; et ils ne nous le pardonneront pas. Je ne connais plus le personnel de Dar al-Shifaa ; les médecins qui y pratiquaient en juillet et en août ont quitté les lieux, devenus trop dangereux ; ils y ont été remplacés par des barbus, des radicaux, qui opèrent et soignent avec une kalachnikov en bandoulière, l'arkiya, le bonnet de prière, vissé sur la tête.

On dirait qu'ils jouent à qui se montrera plus radical que l'autre…

Ces gars-là ne nous témoignent plus aucune sympathie ; ils refusent qu'on les photographie. Ils n'attendent plus rien de nous. Et je réalise qu'il faudrait faire attention à ce que l'indifférence dont ils font dorénavant preuve à notre égard ne se change bientôt en haine. Et pour longtemps.

Mais peut-être est-ce déjà trop tard.

XIX. Le dernier narguilé

Alep (2 novembre 2012) – « *Bad weather, today...* » ; le réveil de Steven est difficile. Il fait froid. Glacial. En Syrie aussi, l'hiver s'installe, et il a plu toute la nuit. Le ciel est plombé d'épais nuages qui empêchent le soleil de réchauffer la ville ; et nous nous rappelons que, au Moyen-Orient également, il peut faire très froid.

Heureusement, Youssef nous gratifie dès l'aube de son humour décapant. Nous ferons un saut au quartier général, avant de retourner pour une seconde incursion dans Karm al-Jabal, où une bataille semble se préparer. Youssef nous montre la voiture : la quatre fois quatre a ramassé son compte, hier soir, lors d'une mission, nous explique-t-il ; et, en effet, plus aucune des vitres n'est intacte ; en fait, il n'y a plus de vitre, plus de pare-brise, le capot est criblé d'impacts de balles et le toit est complètement explosé. « *C'est ma nouvelle auto* », s'exclame Youssef, tout joyeux. « *Toit ouvrant et air conditionné automatique ! Parfait pour un pays où le soleil brille tout le temps !* ».

Pas de bol, justement aujourd'hui ; les rues d'Alep sont détrempées et les crevasses, emplies d'eau. Youssef chante en roulant à toute allure : « *Je vais faire la guerre ! Et je vais mourir ! Tra la la la la ! Je veux aller au ciel ! Je veux plus de femmes !* »

Brusquement, Youssef fait demi-tour, et se prend la berme centrale. « *So sorry ! I forgot the bread for my uncle !* ». Petit crochet par l'appartement du tonton, où Youssef déposera le pain, avant d'aller faire la guerre.

Assis à côté de lui, à l'avant du véhicule, j'ai beau abaisser le pare-soleil, je suis transi ; lorsque les roues plongent dans une immense flaque de boue qui nous asperge… « *Hé ! Vous n'êtes pas contents ? Je vous donne de l'air et je fais de la pluie !* »

Mais, lorsque nous traversons le rond-point de Shahar et que des tirs se font entendre, il redevient sérieux. « *On ne peut plus se permettre de rire, lorsque la Mort s'est déplacée en personne !* »

Je demande à Youssef s'il serait possible de filmer une manifestation, aujourd'hui, à la sortie d'une mosquée. C'est vendredi, et il doit sûrement y avoir de grands rassemblements. Mais Youssef me répond que les gens ne vont plus à la mosquée ; ils ont peur de s'y rendre, même le vendredi, surtout le vendredi… Ils ont peur des mosquées. Parce qu'elles sont devenues la cible des tirs de roquettes, des hélicoptères, tout particulièrement le vendredi…

Abdou, qui vit avec nous, dans l'appartement à côté de la planque, a eu le bras droit démoli par un tir de mitrailleuse, un vendredi, alors qu'il se rendait à la mosquée : la balle a fait éclater les deux os de l'avant-bras, en une quarantaine de fragments. À Dar al-Shifaa, on a tant bien que mal replacé les morceaux et figé le tout au moyen de longues visses. Mais il faudrait qu'il puisse se faire opérer en Turquie, ce dont il n'a pas les moyens. Il perdra donc très probablement l'usage de son bras et restera handicapé pour le restant de sa vie. Il est maçon. Il a trente ans. Il a trois enfants.

Au QG, on nous apprend que la place a de nouveau été bombardée, toute la nuit durant.

J'en profite pour me rendre au bureau du nouveau commandant ; Abou Soufian n'a toujours pas été retrouvé…

Mon but est de réattaquer sur la question des combattants casernés derrière le QG. Je croise d'abord une de mes sources à l'intérieur de l'état major, qui lâche le morceau et me confirme l'info : c'est al-Qaeda, bien sûr ! Je fais faussement l'étonné ; et lui, il s'étonne vraiment que je ne le sache pas déjà ; c'est devenu un secret de polichinelle, et tout le monde en parle ouvertement, d'autant plus qu'il n'y a plus aucun journaliste au QG.

Je m'adresse donc sans détour au commandant, qui ne résiste pas bien longtemps : oui, c'est une brigade de djihadistes d'al-Qaeda. La population des quartiers insurgés, à Alep, a de plus en plus confiance en eux : ils ne font que se battre contre al-

Assad ; et puis, ce sont les seuls qui aident la révolution ; quand on a tout perdu, quand on n'a plus rien que sa vie à risquer, on est prêt à tout. Et, quand les gens ont des problèmes, ils vont les voir. Enfin, ce sont d'excellents combattants... Ils sont presque tous syriens, précise-t-il ; leur chef est Abou Ahmed al-Joulani. « *Maintenant, c'est tout. Bonne journée et au revoir.* »

Tout est donc bien clair. Mais ils restent inapprochables. Impossible de les interviewer. Les portes des pièces dont les fenêtres donnent sur la cour où ils ont établi leur campement ont même été fermées à clef et les fenêtres, scellées. Y compris la porte des sanitaires. Et la cour est entourée de hauts murs...

Je prétexte toutefois de devoir me rendre aux toilettes pour dès lors accéder à celles de l'étage, ce qui me permet d'emprunter l'escalier extérieur, qui surplombe la cour en question : les combattants sont environ une trentaine, avec femmes et enfants. Du linge est mis à sécher sur des fils tendus entre les arbres ; les hommes nettoient et vérifient leurs armes...

Nous nous préparons à quitter le QG, lorsque je reçois un appel de Domenico : il a réussi à passer la frontière, hier soir, et est à présent en Turquie. Mais sa voiture a dû parcourir un long détour dans la campagne, pour éviter les combats qui opposaient le PKK et l'ASL.

Le PKK, en effet, a de longue date été soutenu par le régime baathiste, qui lui a laissé établir ses bases arrière en Syrie, depuis lesquelles il a attaqué la Turquie à maintes reprises. Le régime avait même donné asile à son leader, Abdullah Öçalan, avant de finalement le laisser prendre par les autorités turques. C'est une des cartes que le gouvernement syrien joue régulièrement dans la région, parfois contre la Turquie, parfois contre l'Irak, deux des pays sur lesquels se répartit le peuple kurde qui revendique son indépendance.

Le PKK est cela dit divisé : ses leaders ont bien compris que le régime les instrumentalise ; Damas n'a nullement l'intention de lâcher les territoires du nord, où vivent des milliers de Kurdes ; en outre, les Kurdes revendiquent aussi des territoires en Iran, l'allié privilégié du régime syrien. Enfin, la majorité des Kurdes de Syrie ne soutiennent pas systématiquement l'action du PKK et beaucoup sont partisans de la révolution. Le PKK a d'ailleurs arrêté des Kurdes qui supportaient la révolution ; dans la communauté kurde, on accuse les membres du PKK de faire office de police auxiliaire du régime… Les Kurdes se battent donc entre eux, la plupart supportant l'ASL, dont bon nombre ont d'ailleurs rejoint les rangs ; et seuls les durs du PKK ont choisi de marcher encore avec le gouvernement…

Sur le point de quitter le QG, je tombe nez à nez avec un Occidental, en treillis, révolver à la ceinture, un grand gars aux yeux bleus, qui s'adresse à moi dans un parfait anglais, avec un accent américain à couper au couteau. Je lui demande son nom ; il se présente comme étant Matthew VanDyke, un journaliste de Baltimore. « *C'est un dingue* », me dit Steven. « *Il s'est battu avec les rebelles en Lybie et débarque ici, maintenant* ». Nous échangeons deux mots, et il se sauve… Je le reverrai brièvement au courant de l'après-midi, juché sur une moto, une caméra à la main. Drôle de type…

Nous nous remettons en route avec la « *summer car* » de Youssef, qui roule sans permis de conduire, révolution oblige ; et se trouve à un cheveu de renverser un âne tirant une charrette. « *C'est la voiture idéale, ça* », nous sort Youssef. « *Ça ne consomme pas d'essence ; et, s'il y a un accident, 'je ne connais pas cet animal-là !'* »

Youssef arrête la voiture pour embarquer un type en arme, qui fait du stop. Il le connaît bien. Le gars ne fait partie d'aucune katiba ; il s'est acheté une kalachnikov au marché noir et se rend chaque matin là où on se bat…

À la lisière de la jungle de ruines de Karm al-Jabal, nous rejoignons une unité de Liwa al-Towheed, celle du commandant Abou Akrim, qui a donné son nom à sa brigade, la katiba Abou Akrima. Abou Akrim est le « *big leader* » de la zone ; son autorité couvre les quartiers de Karm al-Jabal, Shahar, Sakhour et Saffa. C'est une des katibas qu'il commande que nous allons accompagner dans les ruines de Karm al-Jabal.

Du rond-point Shahar, nous parcourons une nouvelle fois le boulevard qui délimite les quartiers de Tarik al-Bab et Shahar, dont les premiers immeubles ont reçu de plein fouet l'attaque des Migs qui ont bombardé Karm al-Jabal. Ces bâtiments aux façades désolées, en partie effondrés, désormais déserts, ne cessent de m'impressionner et je me sens tout d'un coup très triste à revoir, comme il y a quelques jours, ces lieux que j'avais connus emplis de vie, deux mois auparavant.

Un des hommes de la katiba nous montre le chemin vers l'entrée du labyrinthe de décombres. Il nous demande si nous voulons toujours prendre ce risque ; c'est que, nous dit-il, le régime a utilisé du gaz, aujourd'hui. Cela change évidemment la donne… Nous lui demandons de décrire les effets de ce gaz, sa couleur : pas de réel danger ; c'est apparemment du gaz irritant, rien de plus.

Youssef nous accompagne. Steven est comme d'habitude harnaché de tout son équipement : gilet pare-balles, une véritable carapace, casque, et ses appareils photographiques. Benoit voyage plus léger, mais il porte tout de même, sous sa chemise, un fin gilet pare-balles que lui a prêté un de ses amis, policier en Belgique ; cela n'arrêterait pas une balle de kalachnikov, mais c'est mieux que rien.

Nous suivons notre guide sur quelques centaines de mètres, à travers les rues dévastées : des carcasses de voitures un peu partout, renversées par le souffle des explosions, écrasées par le passage des tanks, les vitres éclatées ou trouées par des projectiles divers ; les poteaux de bois, qui desservaient les habitations en électricité, couchés en travers de la route, brisés, parfois suspendus, s'accrochant aux câbles qui ont résisté ; les arbres aux feuilles sales de poussière, grises, aux branches rompues, qui pendent et balancent au vent ; le vent, qui agite les rideaux aux fenêtres béantes des appartements vides…

Il nous entraîne ainsi vers le cœur de cette fantasmagorie guerrière, vers le front diffus des snipers, et nous indique un bâtiment, le point de départ du parcours qu'il va nous falloir suivre pour rejoindre le gros de la katiba, qui s'apprête à mener une attaque sur une zone d'immeubles tenus par l'armée régulière.

Un à un, nous traversons la rue qui nous sépare de la maison en ruines, en courant, sous le feu d'un sniper ; rien que de très habituel, en somme… Youssef se retourne et adresse un large signe de la main à notre guide ; lui, il ne traverse pas ; il s'arrête là.

Nous progressons rapidement dans les pièces saccagées, comme précédemment, par les trous aménagés dans les murs, quand les portes font défaut, passant de l'une à l'autre avec agilité –nous avons maintenant l'habitude de cette gymnastique. Ici, il n'y a plus de passage ; il faut mettre le pied sur le trottoir et s'élancer vers la porte de la maison voisine. Nous nous précipitons, lorsque nous sommes surpris par des tirs en rafales très nombreux, un tumulte terrifiant et soudain, dominé par le vrombissement d'un moteur…

Nous nous jetons tous les quatre dans la première embrasure qui se présente et nous nous engouffrons dans les ruines, en nous bousculant mutuellement, dans une petite salle de séjour. L'endroit est étroit, sans autre issue que la porte et la fenêtre qui donnent toutes les deux sur la rue.

Nous nous cachons, accroupis, en nous protégeant derrière l'allège, sous la fenêtre, flanc contre flanc ; la pièce est très exigüe. Et nous nous taisons ; nous respirons à peine. Il ne faut pas nous faire repérer, pas nous montrer. Je fais signe à Steven de s'asseoir ; il est très grand et, même accroupi, le sommet de son casque dépasse le rebord de la fenêtre.

C'est que nous avons parfaitement compris ce qui est en train de se passer ici : nous entendons le rugissement du tank, qui avance dans la rue, les chenilles qui écrasent les gravats, les morceaux de métal qui se tordent sous son poids, le bruit du moteur qui se rapproche, et les fantassins qui le suivent et déchargent leurs armes dans les entrées des habitations. C'est une opération de « nettoyage » que mène l'armée régulière : le tank tire, un obus à gauche, un obus à droite, au fur et à mesure qu'il progresse, sur chaque maison en ruines, qui achève alors de s'écrouler. Et les soldats balancent des grenades dans les rez-de-chaussée, avant d'y entrer eux-mêmes en mitraillant tout ce qui reste de mobilier et, le cas échéant, de vie.

Impossible de sortir. Nous sommes pris au piège.

Minute après minute, le bruit du tank se rapproche et les tirs des kalachnikovs s'intensifient. Les explosions aussi, celles des grenades, et celles des obus ; à chaque tir du tank, dont le craquement devient de plus en plus assourdissant, les murs de la ruine qui nous cache sont visiblement ébranlés : nous les sentons vibrer, mais nous les voyons aussi trembler, se secouer de la poussière qui s'était accrochée à eux, et, à chaque impact qui frappe le quartier, je crains que la dalle de béton du plafond ne cède et ne nous écrase.

Youssef rampe jusqu'à un canapé dont il nous lance les coussins :

- *On your head ! On your head !*

Mais nous ne prenons pas au sérieux cette protection dérisoire et savons très bien ce qui arriverait si la maison s'effondrait… Je glisse derrière mon dos le coussin qu'il me tend ; autant mourir un peu plus à mon aise…

À chaque explosion, également, le lustre en verroterie qui pend encore au plafond teinte de toutes ces perles, gouttes et cristaux.

Peut-être les soldats passeront-ils à côté de notre cache sans nous voir. Il faut se taire. Il ne faut pas qu'ils nous entendent. Il ne faut pas remuer. Stephen étend une jambe, déplaçant les débris de verre qui jonchent le sol, sous la fenêtre. Chut ! Silence ! Il ne faut plus faire le moindre bruit. Respirer, à peine.

Peut-être que l'ASL va contre-attaquer, détruire le tank ? Un tir de roquette, de RPG ? Et puis peut-être pas… Peut-être que les soldats ne lanceront pas de grenade sur nous ? Peut-être qu'ils entreront, simplement ? Et que nous pourrons nous rendre ?

Au loin, j'entends des hommes de l'ASL qui s'élancent au combat. J'entends leurs « *Allah akbar !* »… Ils ne savent pas que nous sommes ici.

Je n'ai pas peur.

Ma vie, pour ce qu'elle est, m'importe assez peu, au fond. Pourvu que je ne souffre pas trop longtemps, que je ne finisse pas estropié. J'ai appris par Domenico que Maher, le jeune syrien qui nous avait guidé en juillet, a été victime d'un bombardement, dans son village ; la maison de ses cousins, où il passait la nuit, s'est en partie écroulée et des blocs de béton lui on écrasé le dos. Il ne marchera plus…

Je me concentre sur la caméra et je filme ; je filme tout.

Benoit commence à paniquer. Son regard se porte dans tous les sens, hagard, sa respiration s'emballe ; quelques balles ricochent et passent au-dessus de nos têtes. Il cache son visage entre ses genoux, les mains sur la nuque. Quand il relève la tête, je vois bien qu'il n'en peut plus. Je lui dis de prendre son caméscope et de faire comme moi ; soigner les plans, faire quelque chose, se concentrer. De respirer par le nez et souffler par la bouche. Steven garde son sang froid ; il photographie.

Mais il est inutile de nous raconter des histoires : le tank sera bientôt sur nous ; les soldats nous trouveront là ; ils nous dénicheront, si le bombardement ne nous a pas déjà tués.

Cette fois, la situation est grave ; c'est une question de secondes, de deux ou trois minutes tout au plus. Maintenant, quand le tank tire son obus, des morceaux de plafond tombent sur nous. Des morceaux de plâtras s'en détachent ; des filets de poussière ; le plafond se fissure ; le lustre est presque décroché.

Comme machinalement, je me signe ; la croix ; et, calmement, sans plus réussir à y croire vraiment, tellement peu que j'en ressens comme de la honte, de l'embarras, j'implore la Sainte Vierge Marie de nous protéger. Mais que pourrait-il se passer ? Un ange n'apparaîtra pas, qui ouvrirait une brèche dans un des murs, pour que nous puissions nous échapper…

Alors que je me signe, Youssef, qui me regarde, ferme les yeux et murmure « *La ilaha ill'Allah* »…

Benoit l'entend et se rend compte qu'il n'y a plus d'espoir. C'est terminé.

Je n'arrive plus à focaliser mon attention sur la caméra. À quoi bon, d'ailleurs ? C'est drôle, j'ai eu peur de paniquer moi aussi ; mais, là, je ne ressens plus rien. Si. Je pense à ma mère. La pauvre ; je lui en aurai faire voir de toutes les couleurs. Disparu en mai dans les geôles du régime… Mon père croyait ne plus jamais me revoir ; croupissant au fond d'une basse fosse, oublié pour des années ; ou mort : il m'avait imaginé, abattu et jeté dans un fossé. Ma mère m'a dit qu'il en avait été blanc, au bord de l'accident cardiaque. Et, maintenant, probablement, je vais mourir ici. Personne ne sait où nous sommes. Retrouvera-t-on seulement mon corps ? C'est mon seul regret : avoir gâché les dernières années de mes parents.

Puis, je ne pense plus à rien. Je suis serein. J'attends.

Le tank est là.

Et, brusquement, tout s'arrête ; en quelques secondes, le bruit du moteur s'éloigne, la fureur de la mitraille aussi. Nous n'entendons plus que l'habituel et sourd retentissement des tirs d'artillerie qui s'abattent sur la ville dans le lointain. Et les tirs espacés, sporadiques, des snipers, ici et là. Le calme est revenu.

Nous attendons, toujours sans bouger.

Youssef se relève, regarde par la fenêtre ; Benoit et moi l'attrapons par ses jambes de pantalon et le faisons se rasseoir ; « *Ne te montre pas ! S'il te plaît, ne te montre pas !* »

Le tank a tourné, deux maisons avant celle où nous nous cachons ; il s'en va, il disparaît à l'angle de la rue. Le miracle a donc eu lieu. Nous sommes vivants.

Nous attendons. Silencieux. Laissons passer la tempête ; laissons-là s'éloigner... Ne prenons pas le risque de gâcher notre chance.

Du bruit, des pas… Youssef se relève et crie « *Allah akbar !? Allah akbar !?* »

« *Youssef, non ! Non !* », dis-je.

Une voix répond : « *Allah akbar ! Allah akbar !* ».

C'est peut-être un piège, une ruse pour nous faire sortir de notre trou à rat.

Surgissent alors trois miliciens de l'ASL :

- *Salâm, shebab !* (*Salut, les gars !*), nous lancent-ils, affichant tous trois un grand sourire, comme si la situation, toute familière pour eux, ne les avait en rien affectés.

Ils nous amènent à Abou Moussa et à sa brigade, la katiba al-Khatab, de la Liwa al-Towheed toujours. Avant la révolution, il était chauffeur de poids lourd.

Sa vision de la situation est sans ambiguïté : c'est la guerre, et il se bat pour sa famille et pour son peuple. C'est trop tard pour pardonner, maintenant. Ce sera eux ou le gouvernement.

- *Ici, si on est cerné, et qu'on ne reçoit pas d'aide, pas de renfort, on épuise les munitions, puis on se bat au poignard. On en a tous un.*

Quatre cents miliciens de Liwa al-Towheed sont dispersés dans cette zone et tiennent la ligne de front. La haine du clan al-Assad est exacerbée.

Dans les katibas aussi, les discours se radicalisent. L'Iran et le Hezbollah y sont maudits ; ils sont considérés comme pires encore qu'Israël, ce qui est tout dire, de la part d'un Arabe.

Et certains parlent de la « nécessité » de tuer tous les Chiites et les Alaouites.

L'islamisme sunnite radical fait son chemin dans les cœurs ; il est le seul appui disponible, moral et politique, et se mesure à l'aune du désintérêt de l'Occident pour la tragédie de tout un peuple qui en attendait pourtant tellement.

- *L'armée de Bashar al-Assad a des tanks, des avions, tout ce qu'ils veulent*, poursuit Abou Moussa. *Nous, nous n'avons rien, que notre fusil ; et pourtant nous avons plus, nous avons Dieu. Nous n'avons rien, mais nous tenons depuis des mois. Ils prennent un quartier, mais, après, nous le reprenons, dès qu'ils sont partis. Ils détruisent nos maisons ; nous habitons dans les caves. Mais ça devient difficile, parce que nous n'arrivons plus à trouver des munitions. Le prix des armes et des munitions a augmenté de manière inimaginable...*

Autour du commandant, ses hommes partagent un narguilé, avant de repartir au combat. Il y a Thar, vingt-quatre ans, chauffeur de taxi ; Rouhaha, vingt-deux ans, coiffeur, qui a déserté l'armée régulière ; il vient de Damas ; il faisait son service militaire à Alep, où il avait été affecté il y a six mois, et il a rejoint les rebelles après qu'on lui a commandé de tirer sur la foule, lors d'une manifestation ; Ahmed, vingt-huit ans, ouvrier dans une carrière de granit en Libye ; il a un fils ; il est revenu au pays, pour faire la révolution ; Aabid, trente ans, qui travaille dans une entreprise de nettoyage ; il a quatre enfants ; Saleh, seize ans ; il est forgeron ; il a arrêté l'école à quatorze ans ; son père, ses oncles et tous ses frères sont dans l'ASL. À l'exception de Rouhaha, ils sont tous du quartier ; certains ont mis leur famille à l'abri dans un camp de réfugiés en Turquie, d'autres, chez des parents ou des amis, quelque part à Alep.

Dans une demi-heure, ils vont tous aller se battre. Ils savent que plusieurs d'entre eux ne reviendront pas.

Il y a aussi Omar, qui est venu de Rastan, et Nori, vingt et un ans, originaire de Hama. Nori, lui aussi, faisait son service militaire quand la révolution a commencé. Son régiment avait été envoyé en renfort à Deraa, dans le sud, là où les premières grandes manifestations ont eu lieu.

L'armée essayait d'établir un couvre-feu : les habitants ne pouvaient circuler en ville qu'une heure, le matin, de 7h00 à 8h00 ; et une heure, de même, le soir, de 19h00 à 20h00. Les soldats avaient l'ordre de tirer sur toutes les personnes qui contrevenaient à cet horaire. Et ils devaient fouiller les femmes voilées, sous leurs vêtements.

Mais les manifestants ne respectaient pas le couvre-feu ; ils jetaient des chaussures sur les militaires. Ensuite, il y a eu des coups de feu en direction de l'armée et on lui a ordonné de répliquer en tirant sur les manifestants. Mais, lui et ses amis, ils avaient vu d'où venaient ces coups de feu ; ils avaient vu des Shabihas tirer sur l'armée depuis la hauteur d'un immeuble ; ils savaient que ce n'étaient pas les manifestants qui avaient attaqué l'armée. Quand les soldats ont mitraillé les civils et que les tanks ont bombardé des maisons, il s'est révolté.

Nori raconte qu'il a vu des manifestants qui avaient été arrêtés, les yeux bandés, se faire frapper par des miliciens du régime, qui leur criaient « *dit que, ton dieu, c'est Bashar al-Assad !* »

Un soir, alors qu'il était de garde, il s'est lui-même cassé la jambe, avec un bloc de béton. Il a été envoyé à l'hôpital et ses amis sont venus le chercher, pour une permission ; et il a déserté ; il est passé à l'ASL.

Nori a choisi de combattre à Alep, parce que c'est ici, dit-il, que le régime peut-être brisé, si l'ASL gagne la bataille. « *Hama, c'est une trop petite ville. C'est ici et à Damas, les deux batailles pour en finir.* »

Le commandant ajoute qu'il y a de plus en plus de déserteurs, depuis deux ou trois mois. Au début, ils étaient peu nombreux, mais, maintenant, c'est beaucoup plus facile de déserter : l'ASL est aidée par des sympathisants, qui travaillent dans l'armée, dans l'administration. Ils restent à leur poste et jouent le jeu, mais, en réalité, ils travaillent pour l'ASL et aident les déserteurs à s'échapper. Les soldats téléphonent à leurs parents ou à leurs amis dans l'ASL, et on les aide…

Nous demeurons quelques heures avec la katiba d'Abou Moussa. Il n'y a pas d'eau du tout, ici, pas d'électricité. Les gars s'éclairent avec des lampes à huile. Certains sont ici depuis plus de vingt jours, dans ce trou fangeux.

Ils ont choisi d'établir leur base dans une demeure ancienne, dont les planchers sont soutenus pas des rondins de bois ; ils amortissent les chocs, lors des bombardements, alors que les sols de béton s'effondrent au premier impact.

Pendant le temps que nous passons avec eux, je fais le tour des pièces de la maison ; et je pense à mes vieux parents ; je les imagine, comme ils seraient désolés, s'ils devaient tout perdre, comme les gens qui vivaient là ont tout perdu.

Je profite aussi de l'occasion pour examiner l'armement des révolutionnaires : pas la moindre surprise ; aucune arme occidentale. Je pose donc la question au commandant : comment se sont-ils procuré des armes ? Sa réponse correspond à mes informations : elles proviennent toutes de la caserne du quartier d'Hananou, qui avait été attaquée à la mi-septembre. Les rebelles savaient y trouver le matériel dont ils avaient besoin ; l'arsenal capturé à Anadan, en juillet, était épuisé. Ils avaient donc combattu avec acharnement pour prendre cette caserne, dix heures durant. Deux cents septante soldats de l'ASL avaient donné l'assaut.

Il y aurait eu là seize mille kalachnikovs et près d'un million de cartouches, m'assure Abou Moussa. Mais, après qu'ils ont pris la place, un Mig a bombardé la caserne et détruit la plus grande partie des stocks. L'ASL n'a pu emporter qu'un maigre butin. En outre, ils avaient espéré trouver des Cobras, à Hananou, des roquettes anti-aériennes. Mais il n'y en avait pas.

Nous avons passé le reste de la journée avec la Katiba al-Khatab. La bataille que nous étions venus observer s'est faite attendre, et n'a pas eu lieu. Nous avons longé le front, guetté les positions de l'armée régulière, et nous avons quitté nos hôtes au crépuscule.

La nuit venue, de retour à al-Marja, je m'aperçois que nous n'avons rien mangé de toute la journée. Mon estomac crie famine. Benoit et Steven sont trop épuisés ; je sors seul de la planque, en quête de quelque chose pour casser la croûte. La rue est plongée dans le noir. Seul le faible clair de lune me permet de m'orienter. Mohamed et Abdou, qui veillent sur nous, m'arrêtent cependant. C'est trop dangereux ! Nous sommes dans un quartier rebelle, mais il y a partout des espions.

Nous sommes en semi-liberté : à chaque instant, des Shabihas peuvent nous tomber sur le râble et nous enlever.

XX. Le jour du jugement

Alep (3 novembre 2012) – C'est aujourd'hui que nous quitterons Alep. Je suis mal à l'aise.

Jusqu'aux premiers jours de ce « Printemps arabe », je n'avais fait qu'étudier l'histoire, assis devant une table. On étudie l'histoire avec des préjugés, des représentations culturelles, sociales, politiques, qui déforment, égarent, trompent.

Depuis janvier 2011, j'ai vécu l'histoire, je l'ai accompagnée dans ses soubresauts, j'ai connu un des événements majeurs de notre siècle.

Je répugne à l'idée de retrouver le quotidien monotone d'une vie rangée et sans relief, mais, surtout, de refermer encore une fois la porte sur cette vaste pièce close, la Syrie, sa révolution, ses intenses souffrances, ce peuple, qui endure tout ce que j'ai décrit, au seuil de l'Europe, à quelques centaines de kilomètres de Chypre, où mes parents sont pour le moment en voyage, cette Syrie si proche de nous, sans que nous jetions un œil par-dessus la frontière, sans que nous soyons dérangés le moins du monde par son malheur…

J'entends déjà mon coiffeur me demander :

- *Et alors, la semaine a été bonne ?*

Et je lui répondrai, sans plus chercher à l'éveiller, que « *les vacances ont été un peu mouvementées* ». Saurait-il seulement mettre le doigt sur la Syrie, sur une carte ?

Et j'en aurai mal à l'estomac.

Pourquoi donc les frontières sont-elles, à ce point, étanches, dans la tête des gens ?

Je réveille Youssef. Il est déjà 9h00 et je ne veux pas perdre les quelques heures qui nous restent encore.

Benoit s'inquiète ; est-ce que tout est bien en ordre ? Une voiture est-elle prévue pour nous ramener en Turquie ? « *Youssef, tu viendras avec nous, hein !* »

- *Oui, oui, je ne vous quitterai pas avant que vous soyez en sécurité. Ne t'inquiète pas, Ben !*

- *Et tu auras une arme, hein !*

- *Oui*, lui répond Youssef, en m'adressant un clin d'œil. *Je vous offre ma protection : je prendrai un tank !*

Mon ami Youssef n'est pas content ; il est de mauvaise humeur ; je le vois bien, et je lui demande ce qui se passe.

- *Les choses ont des ailes, dans ce pays ; elles volent*, me répond-il. *Ou, en tout cas, on trouve toujours quelqu'un pour leur apprendre à voler !*

Hier, Youssef s'est endormi, laissant à côté de lui son révolver ; c'est un Llama, de fabrication espagnole, de 1988, un calibre 9 millimètres, qu'il avait acheté au marché noir ; je le connais bien, il m'a appris à le démonter et à l'utiliser. Or, l'arme a disparu. Un des gars de la katiba qui ont cassé la croûte avec nous hier soir l'aura probablement trouvé à son goût…

- *Ce n'est pas grave*, conclut-il *; de toute façon, je n'avais presque plus de munitions, et on n'en trouve pas, ici.*

Ce matin, je suis bien décidé à mettre les pieds dans le plat. Je veux connaître officiellement la position du commandement de l'ASL par rapport au commando d'al-Qaeda qu'il héberge. Retour au QG : j'entre dans le bureau du commandant ; le commandant et deux officiers me dévisagent. « *Donc, vous acceptez al-Qaeda, maintenant ?* »

- *Avons-nous encore le choix ?*, me demande le commandant. *Dorénavant, nous autoriserons tout le monde à combattre ce régime.*

- *Nous n'avons aucune aide concrète, d'aucun pays*, ajoute l'un des officiers.

Et le commandant de conclure :

- *Pourquoi Che Guevara est-il un héros dans le monde ? Et pourquoi les gens qui viennent nous aider seraient-ils un problème, eux ?*

Tout est dit.

J'ai une autre petite chose à faire, avant de quitter Alep ; je pars à la recherche d'Abou Mohamed. C'est le chef d'une katiba. J'ai lu une dépêche de l'AFP, selon laquelle il aurait commandé l'assaut sur la caserne d'Hananou, en septembre ; mais l'attaque avait été menée par les katibas de Liwa al-Towheed, dont plusieurs commandants m'ont assuré qu'aucun Abou Mohamed ne dirigeait les opérations. En outre, selon les informations que Youssef a pu obtenir, Abou Mohamed serait à la tête de la brigade Ahfad Salaheddine, qui n'appartient pas à Liwa al-Towheed, mais à une autre organisation, des gars bizarres, habillés tout en noir. Il y aurait donc eu une erreur dans la dépêche ; ce qui n'a rien pour m'étonner…

Ce qui m'intéresse chez ce type, c'est son histoire : il aurait séjourné près de trois ans en Belgique. On raconte qu'il était officier dans l'armée régulière. Lorsque son père est décédé, il a obtenu une permission pour participer aux obsèques. Mais il serait retourné à son poste avec trois jours de retard. Condamné par la cour martiale à plusieurs années de prison pour ce fait de « désertion », il aurait fui, via la Turquie, puis la Grèce, pour finalement échouer à Anvers, où il aurait trouvé un travail au noir. Abou Mohamed serait ensuite revenu en Syrie à la faveur de la révolution, bien décidé à en découdre avec le régime.

Son aventure m'intéresse ; le personnage ayant un rapport avec la Belgique, il pourrait susciter la curiosité de mes concitoyens pour cette révolution et ses tourments. Mais cette histoire de prison pour trois jours d'absence à son poste me semble un peu tirée par les cheveux… Je voudrais le rencontrer et en savoir plus…

Nous nous rendons dans le quartier de Sikari, là où se concentrent les katibas de son organisation. Nous nous renseignons, mais on nous envoie d'une katiba à l'autre.

Impossible de mettre la main sur le type, ni de trouver la katiba Ahfad Salaheddine. Elle existe pourtant : les miliciens que nous croisons disent la connaître… Mais Benoit s'inquiète de plus en plus pour le passage de la frontière ; les combats qui y opposent l'ASL et le PKK ; sortir d'Alep, d'abord… Il veut qu'on s'en aille. Sur ce coup-là, je m'en retournerai bredouille.

Nous regagnons al-Marja, où nous attend Abou Ahmed, le commandant de la katiba de Youssef. C'est un homme très simple, un peu grossier même, un homme du peuple, qui vient de la campagne ; il habite chez ses cousins, auxquels il est venu porter main-forte. Il est très religieux. C'est un petit trapu, les cheveux roux, le poil court, la face écrasée, âgé d'une cinquantaine d'années. À ce faciès renfrogné, il manque presque toutes les dents ; il lui en reste deux ou trois et, comme il rigole sans cesse, elles ne manquent pas de compléter à merveille son allure de personnage de la Commedia dell'arte.

Après bien des tergiversations et des détours, pour trouver de l'essence, pour négocier le prix de l'essence, pour acheter du pain qu'Abou Ahmed voudrait apporter à sa femme restée au village, pour convenir du prix du pain, pour trouver quelques sodas, nous nous mettons en route.

- *Les Arabes n'ont que faire du temps ; ils n'y font jamais attention*, me lance Youssef, son habituel sourire aux lèvres.

Tout d'abord, direction la centrale de police de l'ASL, à Hananou. C'est chose nouvelle. Autre innovation, il faut s'enregistrer pour quitter la ville. Les contrôles se sont accrus ; le régime a des espions partout ; sa nouvelle méthode est de localiser les chefs de la rébellion et de les faire enlever.

Nous sommes accueillis par le général Abou Fouhad, qui commande la place, en uniforme, trois étoiles sur les épaulettes. Je lui demande si je peux connaître son vrai nom ; non, ce sera seulement Abou Fouhad ; il craint les représailles sur sa famille. Il nous offre le thé dans son bureau ; nous sommes un peu pressés, à présent, si nous voulons passer la frontière avant la nuit, mais impossible de refuser l'honneur.

Le soleil est déjà en train de décliner quand nous quittons Hananou. Je ne reconnais pas la route. Abou Ahmed, qui tient le volant, m'explique qu'il ne prendra pas le chemin que je connais ; il est rapide, mais il est devenu trop dangereux ; il va quitter Alep par l'est et effectuer un long crochet de deux heures pour contourner cette zone, trop surveillée par les hélicoptères de combat.

Dans une voiture aux couleurs de l'ASL, nous traversons les villages de Naqqarin, Athta-Nahet, al-Tenbor, Hazwan, Nerabiyeh, qui fait face à une base de l'armée régulière, toujours aux mains du régime –nous ne devons pas filmer et nous faire tout petits sur notre siège-, Thulthana et Thulathineh, al-Barouza, al-Massoudieh, Al-Khtali, Dabeq…

Dans chaque agglomération, les gamins nous font signe du bord de la route et chantent « *Allah mraï djeich al-hor !* » (« *Dieu aime l'armée libre !* »).

Abou Ahmed me demande si je connais les pays arabes. Je lui réponds que j'ai assisté aux révolutions tunisienne et libyenne, que j'étais au Yémen, en Égypte (al Misr), au Maroc (al Maghreb), au Liban… Il rigole encore… Cet homme aux allures si grossières me fait un petit cours de géopolitique à l'évocation de chacun de ces noms…

Sur le chemin de la Turquie, la guerre ne nous lâche pas, pas d'une semelle : tout en conduisant, Abou Ahmed reste en contact par radio avec sa katiba ; et nous entendons son second, qui lui fait rapport de la situation dans le quartier d'Arqub, là où il est en train de se battre ; nous entendons la mitraille, les cris et les explosions, le moteur du char qui avance et tire. La guerre, comme si nous y étions…

Abou Ahmed arrête la voiture, dans le village d'Ehtimlet. Il est chez lui. Il veut nous montrer quelque chose, et revoir sa femme, pour laquelle il a acheté le pain.

« *Vous êtes les premiers journalistes à voir ça* », nous dit-il fièrement, comme s'il nous faisait un présent. « *C'est le camp d'entraînement de l'Armée libre.* »

Un peu à l'écart du village, quelques bâtiments servent en effet de casernes, et des pelotons de jeunes gens courent en formations serrées, au pas, sous la conduite d'un officier instructeur.

Nous aurons droit à diverses démonstrations de leur aptitude à l'effort, au corps à corps, au maniement du poignard… Ici aussi, toute activité est rythmée par des « *Allah akbar !* ».

Je remarque le très jeune âge de plusieurs des volontaires. « *Ils ont tous au moins dix-huit ans* », m'assure leur instructeur.

- *Celui-là a dix-huit ans ?*, répliquai-je, en désignant de la main un gamin de treize ou quatorze ans.

Il me regarde, ne répond rien et me sourit.

Nous reprenons la route…

Abou Ahmed, tout en chantant la révolution à tue-tête, de sa voix rauque, roule à tombeau ouvert, dans le noir du crépuscule, sans phares, sur un chemin dégradé, ponctué d'ornières, dont la suspension bancale de la voiture nous fait ressentir toute la profondeur.

Pour la première fois depuis que je suis entré en Syrie, je boucle ma ceinture ; elle est couverte de poussière, elle n'a manifestement plus servi depuis longtemps. Je teste son efficacité : à trop fréquenter la Mort, sait-on jamais qu'elle décide un jour de vous garder auprès d'elle…

Via Souran, nous atteignons Azaz. Notre voyage s'achève. Il va falloir quitter nos amis.

À la frontière, les adieux sont déchirants. Youssef me serre dans ses bras ; il essaie de cacher ses larmes.

- *Je t'ai aidé comme j'ai pu, mon frère. Mes amis et moi, nous avons fait de notre mieux pour t'aider dans ton travail. Je suis ton ami, maintenant ; mais, si je t'ai aidé au début, c'est parce que nous avons besoin d'aide, nous aussi. Si l'OTAN nous aide, nous allons gagner et vivre en paix. Si l'OTAN ne nous aide pas, c'est peut-être parce qu'ils ne savent pas ce qui se passe ici. Alors, tu dois leur dire…*

Il me demande avec insistance quand je reviendrai. Il n'y a presqu'aucun journaliste dans Alep, personne pour témoigner. La guerre, les massacres, les crimes du régime ont lieu à huis clos ; l'opinion occidentale n'en a cure. Il se passe en ce moment, en Syrie, des choses incroyables, un concentré de tout ce que l'on peut imaginer de la guerre, dans un pays géographiquement tout proche de nous… Mais c'est comme si tout cela n'était qu'un mauvais rêve, ne comptait pas… Je ne sais que lui répondre…

Je ne veux pas repasser cette frontière…

De retour en Belgique, je serai confronté, à nouveau, aux attaques bêtes et méchantes de tous ces penseurs paléo-marxistes, complètement aveuglés par leurs postulats et qui considèrent encore Bashar al-Assad et le régime baathiste comme le dernier rempart, au Moyen-Orient, à « l'Empire américain » et à son « allié sioniste ».

Ils sont bien les derniers à croire encore que la Syrie baathiste résiste aux États-Unis et soutient la cause palestinienne face à la colonisation israélienne. S'ils se donnaient la peine de quitter Paris ou Bruxelles, ils pourraient entendre ce qu'en disent les Syriens et les Palestiniens ; tout le monde en Syrie sait fort bien que, derrière les discours, le régime baathiste a depuis longtemps trahi la cause palestinienne et s'est accommodé de son voisin hébreu. Ici, plus personne n'est dupe, et depuis belle lurette…

J'y pense, en retraversant à pied le large no man's land qui nous sépare du poste frontière turc.

Quelques jours avant de revenir à Alep, j'étais invité à intervenir lors d'une conférence, le 21 octobre, à Bruxelles. J'étais face à ces gens, avec lesquels je partage pourtant bien des valeurs ; sur le cas libyen, par exemple, nous sommes à peu près d'accord sur tout : la « révolution », en Libye, une sombre guerre clanique, en réalité, fut sans aucun doute l'occasion d'une guerre néocoloniale orchestrée de main de maître par un trio de puissances occidentales, la France en tête...

Nous devions débattre de l'opportunité d'une intervention en Syrie…

D'entrée de jeu, mes adversaires n'ont pas hésité à me qualifier de menteur, affirmant qu'ils ne croyaient pas ce que je disais avoir constaté en Syrie : les tueries perpétrées par le régime sur sa population, les dizaines de morts, de blessés, de mutilés quotidiens, victimes des bombardements des Migs et des hélicoptères de combat que le gouvernement syrien a déployés au-dessus d'Alep et dont je rapportais les crimes de guerre ; les femmes accompagnées de leurs petits enfants, qu'elles tenaient par la main, pris pour cibles et massacrés par les tirs de roquettes à fragmentation d'un hélicoptère, alors que cette foule de plusieurs centaines de personnes attendait une distribution de pain, ce 21 août ; les frappes de ces engins de mort sur l'hôpital Dar al-Shifaa du quartier de Tarik al-Bab, où je séjournais, un immeuble pourtant protégé par le signe du Croissant-Rouge… Autant de faits bien documentés par les heures d'images qu'avait filmées mon ami Eduardo.

Je n'épiloguerai pas sur tout le mal que j'ai ressenti en face de leur attitude.

Je me battais, en somme, contre une forme de néo-négationnisme ; et je me suis rendu compte, alors, au moins un peu, de la blessure que génère la négation de l'histoire, de leur histoire, pour ceux qui l'ont endurée et en témoignent.

Je pense d'abord aux rescapés des camps de la mort de la deuxième guerre mondiale, auxquels certains ont osé opposer un déni froid et odieux…

Quand on a vu toutes les souffrances que je viens d'évoquer, quand on les a vécues, quand on les a partagées, quand on sait qu'elles continuent journellement, qu'elles se poursuivaient au moment même où mes contradicteurs s'exprimaient, confortablement assis dans de profonds fauteuils et pérorant doctement devant une assemblée tout à l'écoute de leur formidable ego, quand on s'inquiète pour ses amis, restés là-bas, sous les bombes, avec leurs familles, manquant de médicament, de nourriture, de tout, on ne peut que céder à un grand malaise lorsque quelqu'un, du haut de sa chaire, nie cette terrible réalité sans lui-même s'être jamais rendu sur le terrain où s'épanche toute cette misère.

Ainsi donc, avant le mois de mai, je décrivais une situation favorable au régime ; et les adversaires de mes anciens amis marxistes, qui m'applaudissaient quant à eux, me qualifiaient de suppôt de la dictature, de « *crétin* », ou me dépeignaient sous les traits de Fabrice à Waterloo, qui avait traversé le champ de bataille sans rien voir ; désormais, c'est donc au tour de ceux qui m'adulaient de m'attaquer et de me qualifier de menteur. Et je m'aperçois qu'Aristote avait tort : le juste milieu est intenable.

Ainsi, englués dans leur aveuglement idéologique, dans leur anti-américanisme primaire, qui les amène à soutenir, indirectement en tout cas, tout qui serait opposé à l'hégémonie atlantique et à dénier à un peuple le droit de se révolter contre l'une des plus sanguinaires tyrannies encore en activité, les vieux briscards de la lutte tiers-mondiste n'ont rien écouté.

« *Il y a des horreurs, cela est sûr. Des deux côtés sans doute. Et puis ?* », ont-ils demandé, avec une légèreté qui frisait l'indécence, surtout lorsque, leitmotiv écœurant, ils renvoyaient dos à dos les révolutionnaires et le régime.

Comme si les coups de colère populaires, qui, malheureusement, conduisent parfois une foule à lyncher un Shabiha, un de ces miliciens payés par le régime pour terroriser la population, lorsqu'elle en attrape un, avaient une quelconque mesure commune avec les enlèvements, les disparitions, les tortures, les exécutions sommaires, mis en œuvre par le régime depuis des décennies et érigés en système de gouvernement.

Ces gens qui assassinent de mots les révolutionnaires d'Alep, de Damas, d'Idlib, d'Homs, de Hama n'ont jamais mis un pied en Syrie.

Mais ils ont leurs certitudes, que rien n'ébranlera : l'Occident a envoyé des milliers d'armes aux rebelles syriens et les manipule ; des dizaines de milliers de djihadistes et de mercenaires étrangers sont entrés dans le pays pour les aider et égorgent tous ceux qui refusent de les suivre (un affabulateur bien connu, qui cache sa vraie nature sous le vénérable nom de Voltaire, avance le chiffre de 60.000 combattants étrangers) ; des centaines d'agents de la CIA, du Mossad, de la DGSE et du MI6 sont aussi à l'œuvre et soutiennent logistiquement la rébellion...

Ça, c'est leur vérité.

Et on se demande bien ce que tous ces mercenaires et agents secrets attendent pour enfin renverser le gouvernement Syrien ; et c'est probablement pour qu'elles demeurent secrètes, que les révolutionnaires n'utilisent pas les armes qu'on leur a fournies en si grandes quantités…

Seulement, voilà : quelques jours après cette conférence, je me suis replongé dans l'Enfer d'Alep.

J'ai vu une fois encore mourir tout autour de moi.

J'ai entendu la rage des combattants de la révolution, contraints de reculer parce que les cartouches manquent, parce qu'ils ont épuisé les grenades qu'ils avaient fabriquées en remplissant des bouteilles avec de la poudre, parce que, toutes ces armes envoyées par l'Occident, tous ces mercenaires étrangers, ils n'existent pas.

Chaque soir, jusque tard dans la nuit, j'ai écrit tout ce que j'avais vu durant le jour ; j'ai témoigné de la souffrance de pauvres gens qui n'étaient pas préparés à cela, des gens simples, désemparés, en pleine détresse.

J'ai retrouvé les médecins, qui opèrent et amputent sans relâche ; j'ai croisé les regards égarés, ici d'un père, là d'une mère, portant leur enfant mutilé.

J'ai pris encore une fois dans mes bras ce petit garçon de cinq ans, pour l'éloigner des corps de ses parents et de son grand-frère, écrasés dans l'effondrement de leur immeuble bombardé…

Mais je ne lui ai pas rapporté que, en Europe, là d'où je viens, des « intellectuels » se gargarisent et se délectent de leur discours scandaleux, en affirmant que tout cela n'existe pas.

Et, ce que je ne lui ai pas dit non plus, c'est que, chez moi, là-bas, les gens vont maintenant préparer Noël, faire leurs emplettes, ficeler les cadeaux qu'ils déposeront sous le sapin, sans avoir même une seule pensée pour la Syrie, ce pays qu'ils ne connaissent pas, et dont ils ne veulent rien savoir…

J'espère, toutefois, quant à moi, avoir au moins su donner un visage à la révolution syrienne.

Des visages.

Qu'elle ne soit pas seulement un nombre pour mes compatriotes européens, celui des morts, froidement décomptés au quotidien, mais qu'elle apparaisse désormais comme le moment décisif du destin de Manhal, de celui de Youssef, d'Omar, de Nori, de Yahia, de Mahmoud, d'Abou Abdul, de Zinedine, de Reda et Ahmed, de tous les autres, et de celui, qui fut funeste, de mon ami Abdul Rhaman.

Ne demandez pas quand, ni pour qui viendra le jour du jugement. Car le jugement sera pour vous et, ce jour-là, il vous faudra rendre des comptes.

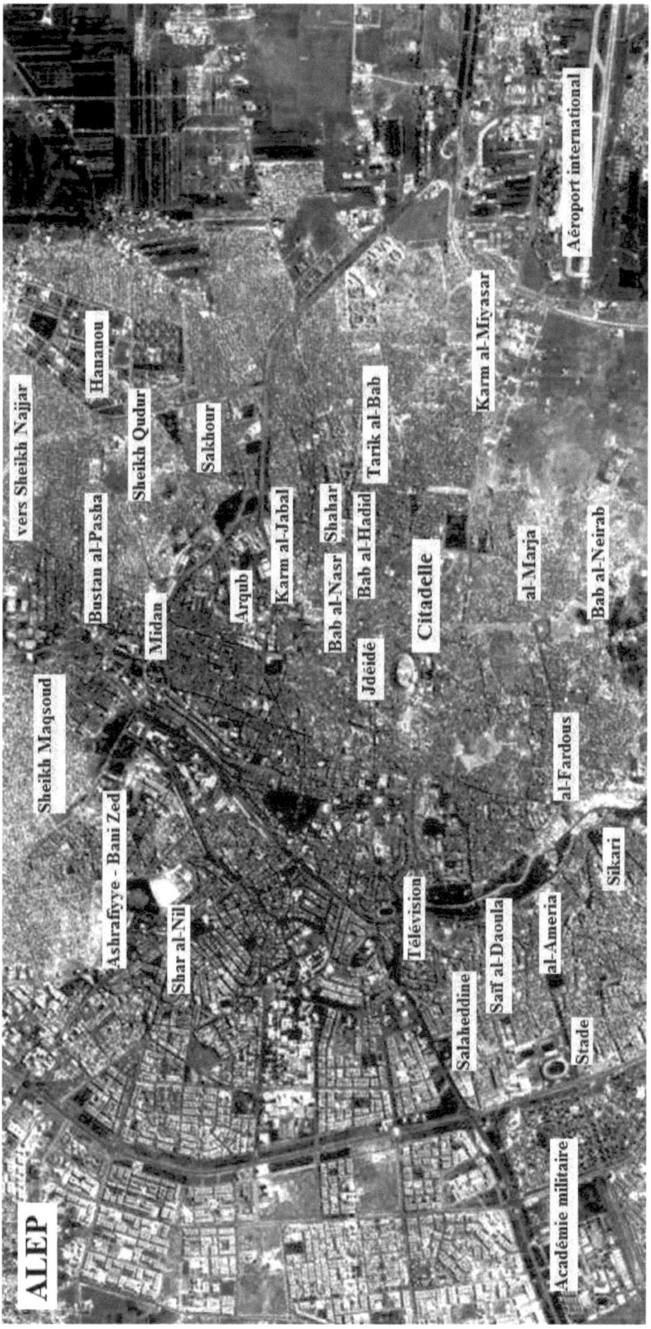
ALEP
vers Sheikh Najjar
Hananou
Sheikh Qudur
Sakhour
Bustan al-Pasha
Midan
Sheikh Maqsoud
Arqub
Karm al-Jabal
Shahar
Bab al-Nasr
Bab al-Hadid
Tarik al-Bab
Jdeidé
Citadelle
Karm al-Miyasar
Aéroport international
al-Marja
Bab al-Neirab
al-Fardous
Sikari
Ashrafiyye - Bani Zed
Shar al-Nil
Télévision
Salaheddine
Saïf al-Daoula
al-Ameria
Stade
Académie militaire

Table des matières

Monde arabe – Maghreb – Moyen-Orient aux éditions L'Harmattan

Dernières parutions

SOCIÉTÉS ARABES EN MOUVEMENT – Trois décennies de changements
Chiffoleau Sylvia
L'irruption des sociétés arabes sur le devant de la scène est venue contredire les images convenues de sociétés monolithiques, «bloquées» par le poids des normes religieuses et de l'autoritarisme politique. Cet ouvrage se propose de rendre compte de la diversité de ces sociétés à travers l'analyse de pratiques sociales peu évoquées (aspirations et mobilisations des jeunes, conditions féminines, sexualité, modes de consommation et pratiques de loisirs, expressions religieuses diversifiées...).
(Coll. Bibliothèque de l'iReMMO, 13.50 euros, 122 p.)
ISBN : 978-2-296-99431-7, ISBN EBOOK : 978-2-296-50982-5

COMMUNICATION ET DÉVELOPPEMENT TERRITORIAL EN ZONES FRAGILES AU MAGHREB
Morelli Pierre, Sghaïer Mongi - Préface de Wahid Gdoura
Voici questionné le lien entre communication publique et développement territorial dans certaines zones fragiles et menacées du Maghreb. Dans une volonté de rapprocher les sciences de l'information et de la communication et les sciences économiques, ces travaux interrogent des notions telles que l'intelligence territoriale, le marketing territorial, la confiance entre acteurs du développement local, les perceptions et la valorisation de sites patrimoniaux...
(Coll. Communication et Civilisation, 29.00 euros, 280 p.)
ISBN : 978-2-296-99724-0, ISBN EBOOK : 978-2-296-50949-8

PIED-NOIR... ET GAULLISTE – Autobiographie et réflexions personnelles
Achor Robert
Pendant sa période oranaise, Robert Achor a fréquenté le lycée Lamoricière, où son professeur d'histoire était Marc Ferro. Déjà sensibilisé au gaullisme en Algérie, il a poursuivi dans cet engagement une fois arrivé à Paris. Il rencontre Pierre Mesmer et son épouse, le général Koenig, Golda Meir, Ben Gourion... Autant de personnalités et d'échanges qui façonneront et éclaireront sa vision de l'histoire contemporaine dont il témoigne ici.
(SPM, 16.50 euros, 160 p.)
ISBN : 978-2-901952-94-7, ISBN EBOOK : 978-2-296-50579-7

DIX JOURS À ALGER – Carnets d'un Printemps manqué. Février 2011
Viollet Christian
Février 2011 : la Tunisie, l'Egypte puis la Libye basculent dans le «Printemps arabe». À Alger, la révolution annoncée se fait cruellement attendre. Dans ce

pays où tout le monde parle politique, cette révolution qui joue l'Arlésienne est au coeur des débats. Séjournant à Alger, l'auteur rapporte des réponses qui permettent de refaire l'histoire et rappellent le lien indissociable de nos deux pays, de nos deux peuples.
(Coll. Ecrire et Voyager, 13.50 euros, 118 p.)
ISBN : 978-2-336-00296-5, ISBN EBOOK : 978-2-296-50778-4

DYNAMIQUES SOCIOLANGAGIÈRES DE L'ESPACE ALGÉROIS
Discours et représentations
Lounici Assia, Bestandji Nabila
La réflexion sur les dynamiques sociolangagières de l'espace algérois offre la possibilité de confronter les concepts de la sociolinguistique urbaine à la spécificité du terrain algérien. Elle permet également d'aborder la question des tensions sociospatiales qui traversent la société algérienne, au vu des grands bouleversements sociaux, économiques et urbanistiques qu'elle est en train de vivre.
(Coll. Espaces discursifs, 19.00 euros, 194 p.)
ISBN : 978-2-336-00340-5, ISBN EBOOK : 978-2-296-50780-7

SAHARA (LE) ALGÉRIEN – Intégration nationale et développement régional
Kouzmine Yaël
Le Sahara algérien représente les 4/5e du territoire national. La diffusion des infrastructures de transport et des équipements publics a considérablement remodelé les territoires sahariens, dans un contexte de forte croissance démographique. Voici étudiées les perspectives futures d'évolution de ce désert, aujourd'hui largement urbanisé et intégré à l'économie nationale.
(35.00 euros, 344 p.)
ISBN : 978-2-336-00418-1, ISBN EBOOK : 978-2-296-50554-4

ESPRIT (L') ARABE ENCHAÎNÉ
Heggy Tarek - Traduit par Leila Henein
L'esprit arabe enchaîné parle des obstacles qui se posent entre l'esprit arabe et la *civilisation moderne*. Il traite des faiblesses et des failles culturelles et sociales qui ont mené la majorité des sociétés arabophones contemporaines à s'isoler et à rester barricadées dans leurs convictions. Comment pourra-t-il se libérer de ses chaînes et s'intégrer dans le monde ? La région connaîtra alors la vraie démocratie rêvée par le «Printemps arabe» et pourra la vivre.
(16.50 euros, 160 p.)
ISBN : 978-2-336-00279-8, ISBN EBOOK : 978-2-296-50491-2

ISLAM (L') : UNE VICTOIRE INÉLUCTABLE
Maucade Julien
L'opposition entre Islam et monde occidental éclaire les causes profondes du malaise grandissant dans les civilisations. L'humanité est à un tournant crucial de son histoire. Le dénouement de cette confrontation dont l'issue aura un rôle essentiel déterminera l'idéologie dominante à venir. Laquelle de ces deux armées sera victorieuse ?
(14.00 euros, 128 p.)
ISBN : 978-2-296-99694-6, ISBN EBOOK : 978-2-296-50404-2

ALGÉRIE, 50 ANS APRÈS
Confluences Méditerranée 81
Souiah Sid-Ahmed
L'Algérie fête cette année les 50 ans de son indépendance, une occasion pour revenir sur son parcours à la fois politique, économique et culturel. Au sommaire notamment de ce numéro des contributions sur Ben Bella, le développement économique depuis 50 ans, le pétrole, la dépendance alimentaire, le logement, la jeunesse, l'histoire de la peinture, le cinéma, la création littéraire.
(18.50 euros, 234 p.)
ISBN : 978-2-296-99405-8, ISBN EBOOK : 978-2-296-50081-5

LANGUE (LA) DE ZAHRA
Sissani Fatima
Les Kabyles existent d'abord par la parole. Une réalité qu'on se représente mal lorsque l'on plonge dans la société de l'immigration où ces hommes et femmes, souvent analphabètes, sont relégués exclusivement au rang d'ouvriers et de femmes au foyer… On imagine alors mal les orateurs qu'ils deviennent lorsqu'ils retournent dans leur langue. Cette réalité, je la pressentais. J'en ai réalisé toute l'acuité, mesuré la dimension en filmant ma mère, son quotidien et son histoire...
(20.00 euros) *ISBN : 978-2-296-57455-7*

TUNISIE (LA) RÉINVENTE L'HISTOIRE : RÉCITS D'UNE RÉVOLUTION – Un passé troublé et un présent sous pression
Sous la direction de Saisi Heidi ; Préface de Suzanne Citron
Ecrire sur l'histoire des civilisations, l'immigration et la révolution tunisienne, c'est rendre accessible des événements encore trop récents et qui échappent pour l'instant à l'archivage national. Exhumer ces faits oubliés, c'est explorer «l'arrière-pays» de ces évènements, sans faire pour autant le procès de quiconque. Évoquer la mémoire de ces étrangers, expliquer la révolution tunisienne, c'est tenter de contribuer à un dessein de science sociale.
(25.50 euros, 256 p.) *ISBN : 978-2-296-99283-2, ISBN EBOOK : 978-2-296-50265-9*

RÉSISTANCE (LA) SAHRAOUIE À GDAÏM IZIG
L'Ouest Saharien 8
Dans le triangle saharien formé par le Mali, le Sénégal et le Sahara occidental, des questions complexes surgissent : formation de la société sahraouie, la vie quotidienne des femmes dans les campements sahraouis de Tindouf, l'exode de 20000 d'entre eux à partir d'El Ayoun. Ce numéro consacre également un dossier inédit à la migration et deux études sur le Mali, l'une sur les Touaregs Kel Adagh et l'autre sur la musique contemporaine touareg.
(20.00 euros, 206 p.) *ISBN : 978-2-296-99233-7, ISBN EBOOK : 978-2-296-50489-9*

OUTILS MÉDIATIQUES ET POPULATIONS DU MOYEN ATLAS MAROCAIN
El Berrhouti Abderrahman
Cet ouvrage s'inscrit dans le débat sur la mondialisation et le processus de dissolution des cultures traditionnelles au contact des médias modernes. Trois

territoires sont étudiés : Laanoussar, Guigou et Kerrouchen. Les groupes n'évoluant pas à la même vitesse, tous ne sont pas affectés de la même façon par les transformations induites par les TIC. Grâce à des exemples concrets et actualisés, l'importance des acteurs, des réseaux d'accès aux vallées et de la pénétration médiatique est mise en évidence.
(Coll. Histoire et perspectives méditerranéennes, 33.00 euros, 320 p.)
ISBN : 978-2-296-99591-8, ISBN EBOOK : 978-2-296-50140-9

ANNUAIRE MAROCAIN DE LA STRATÉGIE ET DES RELATIONS INTERNATIONALES 2012 (2 Tomes)
Sous la direction d'Abdelhak Azzouzi
Cet ouvrage voudrait concourir à la reconnaissance d'une doctrine marocaine en science politique et relations internationales, alors que les travaux en la matière au Maroc sont très rares. Le pluralisme académique, la diversité intellectuelle, la multiplication des approches, les débats pratiques et théoriques sont en effet essentiels pour la vitalité de n'importe quelle région. Regrouper les experts, rassembler les spécialistes, confronter les tendances, tels sont les objectifs de ce travail. (Ouvrage relié).
(Tome 1, Coédition CMIESI, 49.00 euros, 994 p.)
ISBN : 978-2-296-99384-6, ISBN EBOOK : 978-2-296-50313-7
(Tome 2, Coédition CMIESI, 49.00 euros, 2062 p.)
ISBN : 978-2-296-99385-3, ISBN EBOOK : 978-2-296-50314-4

ANNUAIRE MAROCAIN DE LA STRATÉGIE ET DES RELATIONS INTERNATIONALES 2012 – Version en arabe
(Coédition CMIESI, 79.00 euros, 1538 p.)
ISBN : 978-2-296-99383-9, ISBN EBOOK : 978-2-296-50315-1

MOROCCAN YEARBOOK OF STRATEGY AND INTERNATIONAL RELATIONS 2012
Sous la direction d'Abdelhak Azzouzi
This book is intented to contribute to a recognition of a Moroccan doctrine in political science and international relations, given that research work in this area is still lacking. Academic pluralism, intellectual diversity, multiplicity of approaches, as well as practical and theoretical debates are, indeed, essential for the vitality of any discipline. Gathering experts and specialists and bringing tendencies to confrontation are the primary objectives of the present work. (Hard cover).
(Coédition CMIESI, 75.00 euros, 1346 p.)
ISBN : 978-2-296-99386-0, ISBN EBOOK : 978-2-296-50312-0

L'HARMATTAN, ITALIA
Via Degli Artisti 15; 10124 Torino

L'HARMATTAN HONGRIE
Könyvesbolt ; Kossuth L. u. 14-16
1053 Budapest

ESPACE L'HARMATTAN KINSHASA
Faculté des Sciences sociales,
politiques et administratives
BP243, KIN XI
Université de Kinshasa

L'HARMATTAN CONGO
67, av. E. P. Lumumba
Bât. – Congo Pharmacie (Bib. Nat.)
BP2874 Brazzaville
harmattan.congo@yahoo.fr

L'HARMATTAN GUINÉE
Almamya Rue KA 028, en face du restaurant Le Cèdre
OKB agency BP 3470 Conakry
(00224) 60 20 85 08
harmattanguinee@yahoo.fr

L'HARMATTAN CAMEROUN
BP 11486
Face à la SNI, immeuble Don Bosco
Yaoundé
(00237) 99 76 61 66
harmattancam@yahoo.fr

L'HARMATTAN CÔTE D'IVOIRE
Résidence Karl / cité des arts
Abidjan-Cocody 03 BP 1588 Abidjan 03
(00225) 05 77 87 31
etien_nda@yahoo.fr

L'HARMATTAN MAURITANIE
Espace El Kettab du livre francophone
N° 472 avenue du Palais des Congrès
BP 316 Nouakchott
(00222) 63 25 980

L'HARMATTAN SÉNÉGAL
« Villa Rose », rue de Diourbel X G, Point E
BP 45034 Dakar FANN
(00221) 33 825 98 58 / 77 242 25 08
senharmattan@gmail.com

L'HARMATTAN TOGO
1771, Bd du 13 janvier
BP 414 Lomé
Tél : 00 228 2201792
gerry@taama.net

645011 - Mars 2016
Achevé d'imprimer par

1livre.com
du rêve à la réalité !